KB242605

WINNERSHIP

위너십

WINNERSHIP

이기는 리더의 원칙과 조건

남보람 지음

위너십

드림북스

위너십
WINNERSHIP

1쇄 발행 2026년 3월 26일

지은이 남보람
펴낸이 조일동
펴낸곳 드레북스

출판등록 제2025-000023호
주소 서울시 은평구 통일로 630 래미안 베라힐즈 203동 1102호
전화 010-4216-9294
이메일 drebooks@naver.com
인스타그램 @drebooks

인쇄 (주)프린탑
배본 최강물류

ISBN 979-11-93946-70-1 03190

이기는 리더의 10가지 원칙

프롤로그'

프롤로그'

이기는 리더의 원칙과 조건, 위너십

우리는 승리를 좋아한다. 패배를 좋아하는 사람은 없다. 싸우는 것을 싫어하는 사람은 있지만 그조차도 승리를 원한다. 그래서 손자는 '싸우지 않고 이기는 것'이 전쟁의 최고 경지라고 했다. 살다 보면 일부러 져야 할 때가 있다. 그러나 그때조차 사람들은 '지는 게 이기는 것'이라고 말한다. 우리는 모두 승자가 되고 싶어 한다.

국가의 사활적 목표는 전쟁에서 승리하는 것이다. 전쟁에서 패한 국가와 민족은 역사 속에서 사라졌다. 그렇다고 국가가 항상 전쟁을 원하는 것은 아니다. 표면적으로 국가는 평화를 지향하지만 싸워야 한다면 승리해야 한다. "전쟁은 국가를 만들었고, 국가는 다시 전쟁을 만들었다"라고 한 사회학자 찰스 틸리의 지적처럼 전쟁과 국가는 필요 불가분의 관계다.

모두 승자가 되고 싶은 세상에서 국가가 전쟁에서 승리하기 위해 만든 교과서가 야전교범(Field Manual)이다. 우리가 "저 친구는 뭐든지 에프엠이야"라고 말할 때의 그 FM이 여기서 비롯했다. 야전교범이 교과서라면 그 사용자는 상비군의 엘리트 장교단이다. 엘리트 장교단은 한 국가의 전쟁과 관련된 교육훈련, 편제 및 기획,

무기와 장비 등을 다루는 집단이다.

오늘날 북대서양조약기구(NATO)에 소속된 서구 유럽 국가들 대부분이 동일한 야전교범 체계를 갖고 있다. 미국과 동맹, 우호 체제를 맺은 우리나라를 비롯해 동아시아 국가들도 마찬가지다. 국가가 처한 안보 환경과 위협이 각기 다름에도 불구하고 동일한 야전교범 체계를 갖추고 있다는 것은 시사하는 바가 크다. 싸워서 이기는 군대를 육성하고, 전쟁에서 승리해 번영하고 싶다면 모두 이 야전교범을 보고 익혀 그대로 훈련해야 한다는 뜻이다. 그래서 야전교범을 흔히 군인의 바이블이라고 한다.

한 국가의 상비군이 발간 보급하는 야전교범은 대략 200~300종이다. 그중에서도 다른 야전교범의 기준과 원칙이 되는 것을 '기준교범'이라고 부른다. 국가를 막론하고 대개 20종 정도를 기준 교범으로 지정한다. 20종의 기준 교범 중에는 교범의 교범이라고도 부르는 '핵심 교리'가 있다. 핵심 교리는 야전교범뿐만 아니라 상위의 전략지침에 역으로 영향을 미치거나 다른 영역인 부대 관리 등에도 참조가 된다.

어떤 핵심 교리는 군대의 울타리를 넘어 관료 사회나 민간 기업의 참조가 되기도 한다. 대표적인 것이 미 육군 야전교범인《리더십》이다.《리더십》에는 군대가 싸워서 이기고 전쟁에서 승리하기 위한 리더들의 기준과 원칙이 담겨 있다. 그 기준과 원칙은 매우 다양하고 방대하다. 군대의 리더가 대처해야 하는 상황과 도전의 범위가 워낙 넓기 때문이다. 따라서 많은 군대의 리더들, 특히 전쟁에서 승리를 일궈낸 위대한 장군들은 리더십의 정수를 따로 모아 황금률로 엮거나 격언집을 발간했다. 이와 같은 황금률과 격언집을 모아 책에서는 '위너십(winnership)'으로 지칭했다.

위너십은 승리한 군대의 핵심 교리다. 전쟁을 통한 검증에서 살아남은 야전교범의 원칙만을 추려 놓았다. 또한 위너십은 승자의 바이블이다. 전쟁에서 승리해서 리더십을 증명한 장군들의 사고와 행동의 기준이다. 원칙과 기준을 모은 위너십의 하위 항목 10가지는 '위너십의 10원칙'이라고 부를 수 있을 것이다. 이 책은 각각의 원칙별로 내용을 설명하고 사례를 제시하며 유의 사항을 강조하는 방식으로 위너십의 정수를 함께 나누도록 했다. 아울러 리더의 잘못된 행동과 그에 따른 문제, 이를 극복하는 노하우를 살펴보았으며, 마지막으로 군사적 위너들의 행적을 통해 이기는 리더의 기준과 원칙을 되짚어본다.

차례

위너의 10가지
원칙

》》 마음을 읽어라

'정(情)'이란 무엇인가? 우리는 일상에서 정이라는 단어를 흔하게 사용한다. 정이란 사람이 타인에게 줄 수 있는 아주 가벼운 마음, 정신, 에너지라고 할 수 있다. 거창한 것이 아니라 아침에 출근하며 건네는 인사 한마디, 가족 안부를 묻는 말 한마디, 수고했다며 어깨를 두드리는 행동 같은 것이다. 별것 아닌 것처럼 보이지만 이런 작은 표현을 꾸준히 건네는 사람은 조직 안에서 많지 않다. 그래서 정은 누구나 줄 수 있을 것 같지만 실제로는 몇 사람만이 가진 매력처럼 작동하기도 한다. 정은 주기도 하고 들기도 하는데, 한번 준 정은 평생을 간다고 하고 정들면 미워도 헤어지지 못한다고들 한다. 참으로 질기고 진한 것이 정이다.

사전적으로는 한국적 정서와 가치관을 반영한 독특한 감정이며 한국인의 인간관계에서 볼 수 있는 대표적인 심리 특성이다.

그런데 이런 정이 꼭 한국인들에게만 있는 것은 아니다.

심리학자 최상진의 《한국인의 심리학》에 따르면 정은 상대방의 아픈 마음, 불쾌한 감정 등과 같은 인간적인 불행을 함께 느끼는 작용이다. 그리고 '정 많은 사람'이란 남의 아픔을 자신의 아픔처럼 공감하는 경향성이 높은 사람을 말한다. 이를 중국에서는 측은지심(惻隱之心)이라 했고 서양에서는 공감(sympathy)이라고 했다. 실제 동서양을 막론하고 정으로 부하를 감동하게 하고 부대 지휘에 활용한 사례가 여럿 있다. 이 중에서 가장 많이 알려진 것은 중국 전국시대의 오기일 것이다.

오기는 중국 전국시대 위나라의 장군이자 병법가로 별칭은 '상승(常勝) 장군'이었다. 싸우면 '항상 이겼다'라는 뜻이다. 전하는 바에 따르면 76차례의 교전에서 무승부를 제외하고 64번 이겼다고 한다. 계산하면 무려 84퍼센트의 승률이다. 그의 부대가 이처럼 잘 싸운 요인은 무엇이었을까?

연구자들은 그의 작전 수행 능력을 가장 먼저 꼽는다. 흔히 이런 스타일의 장수를 '지장(智將)'이라고 한다. 지장이란 스스로 매뉴얼을 만들고 규정과 방침을 창안하는 능력이 있는 리더다. 오기도 그런 부류였다. 당대의 다른 장수들과 달리 싸우기 전에 이길 수 있는 여건을 최대한 마련하는 데 힘썼고, 전장에 나서면 여러 전략과 전술을 활용해 상대의 약점을 만들고 그곳을 공격하는 능력이 뛰어났다. 이런 작전 수행 능력의 요체를 모아 남긴 것이 《오자병법》이다. 이 책은 오늘날까지도 군사와 전쟁의 요체를 잘 설명한 명저로 평가받고 있다.

아울러 그에게는 위나라의 인구와 경제력이 뒷받침되었다. 국가 대 국가의 전쟁에서 승패를 좌우하는 것은 군사력이 우선이며, 그 군사력의 실체는 병력의 숫자와 군사를 받쳐주는 경제력이다. 전국시대 당시의 전투는 병력의 압도적인 우세 혹은 군수보급의 지속력에 의해 승리가 결정되는 경우가 많았다. 위나라는 전국시대 국가들 중 인구가 가장 많았고 물산이 풍부했다.

정으로 부하를 감동하게 하는 오기 특유의 용인술도 무시할 수 없다. 기록에 의하면 그의 부대는 기세가 남달랐다고 한다. 싸우는 부대의 규모가 적과 비슷하다면 무조건 이기며, 열세라고 해도 기운과 의지가 꺾이지 않았다. 그리고 부하들의 이런 기운과 의지는 그로부터 비롯했다. 다음의 일화를 보면 그가 어떻게 정으로 부하를 감동하게 하는지 잘 알 수 있다.

어느 날, 군막을 순찰 중이던 그는 등에 난 종기로 고생하는 병사를 보았다. 자초지종을 들은 그는 가장 효과적인 방법을 왜 쓰지 않고 고생하게 두느냐며 직접 병사의 등에 입을 대고 고름을 빨아냈다. 그 덕인지 병사는 완치되었다.

이 일은 널리 퍼져나갔고 병사의 고향에까지 그에 대한 칭송이 자자했다. 그런데 병사의 노모가 이 이야기를 듣더니 갑자기 대성통곡하는 게 아닌가.

사람들이 왜 우느냐고 묻자 노모는 이렇게 말했다.

"장군이 병사의 등에 난 종기를 빨아주었다니, 이제 내 아들은 다음 전투에서 자신의 목숨을 돌보지 않고 싸울 게 아니겠소."

오기는 병들어 고생하는 병사를 보고 자신이 아픈 것처럼 공감했고 그렇기에 병사의 몸을 자기 몸처럼 돌보았다. 지위의 높음과 낮음을 막론하고 상대를 나 자신처럼 소중히 여기는 것, 이것이 정으로 부하의 마음을 움직이는 위너십의 핵심이다.

그런데 여기서 한 가지 질문을 던져볼 필요가 있다. 부하를 아끼는 행동은 반드시 마음에서 우러나와야 하는 것일까? 진정성이나 진심이 반드시 전제되어야 하는 것일까? 흥미롭게도 역사 속의 오기는 매우 냉혹한 성격으로 알려져 있다. 아내가 적국과 관계가 있다는 소문이 돌자 아내를 가차 없이 죽였고, 전쟁 중에는 어머니 장례식에도 가지 않았다. 당시의 도덕 기준으로 보더라도 매우 매정한 인물이었다. 그럼에도 불구하고 전장에서 그는 부하들에게 누구보다 따뜻한 모습을 보였다.

이런 현상을 현대 리더십 연구에서는 '가짜 공감'이라고 설명한다. 가슴에서 우러난 감정이 아니라 조직을 운영하기 위해 의식적으로 만들어 낸 이성적 공감이라는 의미다. 바람직한 모습이라고 단정적으로 말할 수는 없지만, 현실의 조직에서는 이런 형태의 가짜 공감이 상당한 효과를 발휘한다. 오히려 이런 가짜 공감조차 행동으로 옮기지 않는 리더가 더 많다.

워싱턴이 우리에게
말하는 것

　우리는 여전히 마음에서 우러난 진심 어린 정을 더 높이 평가한다. 사람 사는 세상에서 따뜻한 마음과 공감 없이 조직이 유지되기는 어렵기 때문이다. 이런 진심 어린 위너십을 보여준 사례 중 하나가 조지 워싱턴이다.

　이야기는 미국 독립전쟁기로 거슬러 올라간다. 비가 오는 어느 날, 병사들이 진흙과 한 몸이 되어 땅을 파고 있었다. 참호를 보수하라는 지시가 내려왔기 때문이다. 구덩이 위에는 장교로 보이는 사람이 작업을 감독하고 있었다.

　이때 마침 그 옆을 지나가던 한 중년 신사가 그에게 무슨 일인지 물었다.

　"굉장히 바빠 보이는데 지금 뭘 하는 겁니까?"

장교는 대답했다.

"다음 전투를 대비해서 참호를 파는 거요."

중년 신사가 다시 물었다.

"그런데 당신은 왜 작업을 하지 않는 겁니까?"

장교는 별걸 다 묻는다는 듯한 투로 말했다.

"나는 장교요. 장교는 지휘 감독을 하는 사람이지 병사들과 함께 작업을 하는 사람이 아니오."

잠시 장교의 말을 곱씹던 중년 신사가 조심스럽게 말했다.

"무슨 말인지 알겠습니다. 그런데 실례가 되지 않는다면 참호 파는 작업을 내가 도우면 안 될까요? 도움이 되고 싶어서 그렇습니다."

장교는 귀찮다는 듯 손을 휘저으며 말했다.

"그건 당신 마음이니 알아서 하시오."

중년 신사는 외투를 벗고 구덩이로 들어가더니 그 말 그대로 참호를 팠다. 참호를 파다가 지쳐 곧 멈추리라 생각한 장교와 달리 중년 신사는 병사들과 하나가 되어 진흙 구덩이에서 나오지 않았다.

어느 정도 일이 마무리되자 중년 신사는 병사들과 함께 구덩이 밖으로 나왔다. 몸에 달라붙은 진흙을 털어내는 그에게 아까 그 장교가 말을 걸었다.

"나서서 돕겠다고 하니 가만두긴 했소만, 당신은 뭐 하는 사람이오?”

이에 중년 신사가 대답했다.

“나 말인가요? 이런 일이 있으면 언제나 병사들과 함께하는 사람입니다.”

독립전쟁의 대륙군 총사령관이자 훗날 미국 초대 대통령이 되는 바로 그 조지 워싱턴이었다.

상대가 반응하지
않을 때

조직의 상사들 중에는 이런 말을 하곤 한다.

"부하들한테 너무 정 주지 마라. 나중에 실망한다."

무슨 의미냐고 물어보면 '정으로 부하들을 대했는데 그걸 이용하더라', '정을 주었는데 그만큼 돌아오는 게 없더라' 등의 푸념을 늘어놓는다. 이는 정을 잘못 이해한 것이다.

결론부터 말하면 정은 조직에서 꼭 필요하다. 정을 주고 그것을 느끼게 해야 그 사람 또한 다른 사람에게 정을 나눈다. 조직은 결국 이런 감정의 순환 속에서 살아 움직인다. 만약 "정을 주었는데 결과는 실망스러웠다"고 말한다면 그것은 정을 충분히 주지 않았거나 리더답게 주지 않았기 때문일 가능성이 크다.

정으로 부하들이 감동하고 변화하게 하려면 오기 정도는 해야 한다. 부대의 운명이 걸린 전투를 앞두고 최상급 장수가 직접 전선의 병사들을 돌보고, 아픈 사람이 있으면 찾아가며, 그 상처를 만지고 종기를 빨아낼 정도가 되어야 정을 주었다고 할 수 있다. 그리고 그 정도의 정을 주어도 잘 변하지 않는다는 것을 인식하면서도 계속 정을 주는 것이 오기의 방식이기도 했다.

또한 정은 근본적으로 무엇을 바라지 않는 상태에서 주어야 한다. 칭찬한 뒤에 부하가 그것을 알아주고 칭송해주기를 바라거나 호의적인 조치를 한 후 부하가 더 열심히 일해주기를 바라는 것은 정을 준 것이 아니다. '나를 알아주었으면', '열심히 일해라' 하는 신호를 보낸 것이다. 정은 부하를 변화시키기 위한 수단이 아니라 조직을 관리하고 인간을 대하는 철학에 관한 것이다.

그래서 리더는 계산 없이 정을 줄 수 있어야 한다. 부하가 알아주기를 바라서도 안 되고 그 대가로 더 열심히 일해주기를 기대해서도 안 된다. 다만 내가 조직을 이끌고 이기는 방식이 그렇기에 정을 주는 것이다. 이런 태도와 철학으로 부하가 변한다면 금상첨화이겠지만 그렇지 않더라도 계속 정을 주겠다는 태도가 위너십의 기본 마음가짐이다.

솔선수범하라

조직은 리더를
지켜본다

　'솔선수범(率先垂範)'은 비단 위너십의 영역뿐만 아니라 조직 관리와 인간관계의 모든 영역에 통용되는 금언이다. 우리는 솔선수범이라는 표현을 매우 자주 사용한다. 이를 일상적인 말로 풀어 보면 '나부터 먼저 하자' 혹은 '너부터 모범을 보여라' 정도의 의미가 된다.

　미 육군에서 사용하는 야전교범 중 《리더십》에서는 솔선수범을 'Lead By Example'로 쓰는데, '고금을 막론한 지휘자의 핵심 소양'이라고 강조했다. 동양에서는 '솔선'과 '수범'이 구분되는데, 전자는 '(내가) 하기 싫어도 하는 것'이고 후자는 '(남이) 하고 싶게 만드는 것'으로 요약할 수 있다.

　솔선수범은 하나의 사자성어처럼 사용된다. 그러나 본래부터 하나의 표현이었던 것은 아니다. 솔선과 수범은 각각 별개의 맥락에서 사용되던 개념이었으며, 후대에 두 개념이 결합하면서 오늘날과 같은 표현이 정착했다.

'보직이 능력을 만든다'라는 말이 있다. 조직 생활에서 연차가 차면 대개는 진급하고 상위 직급을 맡는다. 즉 리더의 위치에 도달하고 필요한 능력을 발휘하는 것은 그다지 어렵지 않다. 그렇다고 그들 모두가 위너십을 발휘해서 승리하는 리더가 되는 것은 아니다.

승리하는 리더의 역할을 감당하기란 절대 쉽지 않다. 승리하는 리더는 솔선을 통해 책임을 먼저 감당하며, 동시에 수범을 통해 구성원이 자발적으로 따르도록 만든다. 현실적으로 쉽지 않은 일이지만 조직 구성원들을 믿어보자. 그들은 늘 리더를 유심히 관찰한다. 어떤 리더가 솔선의 방식을 고민하고 수범이 되기 위해 애쓰는지 안다. 그것만으로도 구성원들은 스스로 변화하고 발전하기 위한 동기부여가 된다.

솔선을 고민하고
수범이 되어야

솔선의 유래는 기원전 1세기 중국 전한의 사마천이 쓴 《사기》까지 거슬러 올라간다. 그중 〈세가〉에 주발의 일화가 나온다. 주발은 궁수, 즉 활을 쏘는 병사로 군문에 들어갔다. 당시 중국은 전쟁이 계속되던 시기였기 때문에 그는 전장에서 공을 세우며 빠르게 승진했다. 병사로 시작해서 장군에 이르렀고, 이후에는 위무후라는 작위까지 받았다. 병사 출신의 인물이 장군이 되는 사례는 역사적으로도 드문 일이며, 기록에서도 그의 출세가 거침없었다고 표현될 정도였다. 구체적인 내용은 다음과 같다.

주발은 일개 궁수로 군문에 든 이래 계속되는 전쟁 속에서 끊임없이 공을 세워 연거푸 승진했다. 그의 출세는 거침이 없었는데, 나중에는 장군이 되더니 위무후까지 올랐다. 전쟁이 끝난 후에는 최고위직 중 하나인 열후에 봉책되었다. 강후는 주발이 받은 열후의 칭호다.

그러던 어느 날, 지인이 주발에게 '연달아 높은 직위에 올랐으며 황제까지 총애하고 있으니 이 상태가 오래가면 화를 입을 것'이라고 충고했다. 주발은 느낀 바가 있어 황제의 허락을 받아 직위를 내놓고 낙향했다. 일부 열후들도 주발과 같이 처세해서 권력을 내놓고 낙향했다.

그런데 1년 후 황제가 주발을 승상으로 임명해 다시 조정으로 불러들였다. 그러더니 또 얼마 지나지 않아 강현을 봉토로 줄 테니 내려가 부임하라고 했다.

전쟁 경험이 있는 열후들에게 봉토를 주어 변방으로 보내는 것은 국경을 튼튼히 하는 방책 중 하나였다. 그러나 낙향해 있는 주발을 승상으로 임명해서 불러들여 놓고는 돌연 변방으로 가라고 하는 것은 앞뒤가 맞지 않는 처사였다.

이를 의식한 듯 황제는 이렇게 덧붙였다.

"내가 열후들에게 봉토를 주어 각자 지방에 부임하도록 했는데 따르지 않는 이들이 있으니, 승상이 나를 중하게 생각한다면 솔선하시오."

황제는 열후들에 대한 압박 카드로 주발을 사용하고자 했다. 열후들을 직접적으로 압박하기보다는 전쟁 영웅인 주발을 도구로 쓴 것이다. 주발에게 대의를 위해 헌신하라는 명확한 지시를 하면서 그것을 솔선이라고 표현했다. 솔선은 조직의 목표, 기강 등을 위해 남들이 싫어하는 일, 내게 손해가 닥칠 수도 있는 일을 맡아서 하는 것이다.

한편 수범의 유래는 5세기 남조의 심약이 편찬한 《송서》에서 찾을 수 있다. 《송서》 중 〈사령운전론〉은 문학 이론을 정리한 것인데, 이런 내용이다.

사령운과 안연지의 문장은 후세 문인들이 따라 할 만큼 매력 있었다. 문인이 어떤 부류인가? 저마다 고유의 필법과 문체를 자랑하며 남과 다른 것을 명예로 여긴다. 시킨다고 해도 남의 문장을 참고조차 하지 않는 것이 그들이다.

이런 문인이 어떤 문장을 본으로 삼아 연습할 때는 '이것을 따라 하다 보면 내 글솜씨가 더 나아질 것'이라는 확신이 있어서다. 그 문장에 특별한 매력이 있다는 뜻이다. 다시 말해 누군가의 강요가 아니라 스스로 따라 하고 싶게 만드는 힘이 존재한다는 의미다. 사령운과 안연지의 문장은 그 정도로 수준이 높아, 후세 문인들이 스스로 따라 했으니, 심약은 이를 수범이라고 표현했다.

리드하는
리더

　솔선수범은 조직관리와 인간관계에 모두 통용되는 리더의 중요한 자질이다. 미 육군 야전교범 《리더십》은 솔선수범하는 리더의 특성을 다음과 같이 제시했다.

　먼저, 침투성이다. 조직의 구성원은 리더의 일거수일투족을 유심히 관찰하고 평가한다. 리더의 반복되는 특정 언행은 구성원에게 의식적이든 무의식적이든 영향을 미치게 마련이다. 그러므로 리더의 사소한 말과 행동이라도 그 자체로 매우 강력한 학습도구다.

　리더는 평소 언행으로 조직의 가치와 정체성, 목표를 구성원에게 침투시킬 수 있다. 구성원들이 함께 과업을 수행하고 의사소통하는 가운데 저절로 그렇게 되는 것이다. 언행을 통한 자연스러운 침투는 강조나 지시, 주입보다 유용하고 지속적이다. 특히 독립된 개성과 행동의 자유를 중요시하는 요즘 세대에게는 더욱 그렇다.

아울러 보고 따라 할 수 있어야 한다. 리더는 부하가 따라 할 수 있고 따라 하고 싶은 솔선수범을 해야 한다. 구성원이 실천할 수 없는 행동은 모범으로서 효과가 제한적일 수밖에 없다. 예를 들어 어떤 리더가 성실을 강조하며 매일 새벽 6시에 출근한다고 가정해보자. 그는 스스로 모범을 보이기 위해 그렇게 행동한다고 말할 수 있다. 그러나 구성원에게는 그것이 현실적으로 따라 하기 어려운 기준으로 인식될 수 있다. 과도한 솔선수범은 오히려 구성원에게 좌절감을 주거나 포기를 유도할 위험이 있다.

같은 연장선에서 리더의 언어는 2단계 하급 부서의 구성원도 이해하고 실천할 수 있는 단순명료한 것이어야 한다. 세계적인 기업의 경영자나 전쟁에서 승리를 이끈 장군들의 연설을 들어보면 중학생도 쉽게 이해할 수 있는 단순한 단어와 비유로 문장을 이어간다.

또한 리더의 행동은 일정한 가시성과 전달성을 가져야 한다. 리더의 솔선수범은 조직의 목표를 달성하기 위한 도구의 하나다. 자연인이나 도덕적 개인으로서 하는 솔선수범과는 차별된다. 리더의 솔선수범은 누군가 보고 있을 때 해야 효율적이고 효과적이다. 쉽게 말하면 아무도 없는 사무실에 남아 묵묵히 정리

정돈하는 행동은 위너십의 관점에서 보면 효율이 떨어지고 효과적이지도 않다.

 마지막으로 신뢰가 바탕이 되어야 한다. 신뢰를 얻지 못한 상사의 솔선수범은 역효과를 불러일으킨다. 이기적이던 상사가 와서 칭찬하면 '또 뭘 시키려고 이러지' 하는 생각이 들 뿐이다. 부하를 비인격적으로 대하던 사람이 "자, 힘내서 함께 열심히 해봅시다"라고 격려해봤자 공허한 메아리일 뿐이다.

» 스스로 깨우쳐라

　오늘날 자기 발전 혹은 자기계발은 매우 널리 사용되는 표현이 되었다. 서점에는 관련 서적이 넘쳐나고 인터넷에도 수많은 강의와 콘텐츠가 존재한다. 많은 이들이 자신을 계발하고 발전시키기 위해 노력하고 있다고 말한다. 그러나 정작 무엇이 자기 발전인지, 그리고 어떻게 해야 하는지는 분명하게 설명하기 어려운 경우가 많다.

　승리하는 리더에게 자기 발전은 필수적이다. 특히 리더십 연구의 권위자인 존 맥스웰은 개인적 성장 계획의 중요성을 강조하며 다음과 같은 경험을 소개한 바 있다.

　"누군가 내게 이렇게 묻더군요. 존, 당신은 개인적으로 성장하기 위해 구체적으로 어떤 계획을 세우고 있습니까?"

　이 질문에 그는 큰 충격을 받았다고 했다.

"나는 당시에도 매우 활발하게 활동하는 리더십 연구자였습니다. 사람들에게 '성장하기 위해서 계획을 세우고 실천하라'고 강조했지요. 그런데 그 질문을 듣는 순간 알았습니다. 나는 정작 나자신을 위한 성장 계획조차 없었던 겁니다."

우리는 자기 발전에 관심이 많다. 서점과 인터넷을 조금만 뒤져보면 관련 서적, 콘텐츠를 산더미처럼 찾을 수 있다. 그러나 문제는 관심만 많은 사람이 대부분이라는 것이다.

최근 몇몇 설문조사 결과를 보면 '나는 자기계발 등의 활동을 하고 있다'고 답한 이들의 비율이 50퍼센트에서 70퍼센트로 절반을 넘는다. 그런데 내용을 자세히 들여다보면 그 활동의 실체가 재테크이거나 운동인 경우가 많다.

주식투자 같은 단순 재테크나 조깅 같은 생활 운동은 말 그대로 재테크, 운동이다. 부를 증대시키기 위한 준비로 부동산 자격증을 따거나 아마추어 마라톤 대회에 출전하기 위해 트레이닝을 받는다면 좀 낫겠지만 그것을 자기계발이나 자기 발전이라고 하지는 않는다. 재산을 늘리거나 건강을 유지하는 것과 직무능력이나 전문성을 발전시키는 것은 서로 다른 차원의 문제이기 때문이다.

그렇다면 자기 발전이란 구체적으로 무엇일까? 위너십의 관점에서 자기 발전은 자신의 직무와 전문성을 지속적으로 확장

해서 조직과 사회에서 더 큰 책임을 수행할 수 있도록 준비하는 과정이라고 할 수 있다. 미 육군 야전교범 《리더십》은 위너십의 관점에서 무엇을 어떻게 하는 것이 자기 발전인지 다음과 같이 제시하고 있다.

자기 발전의
조건

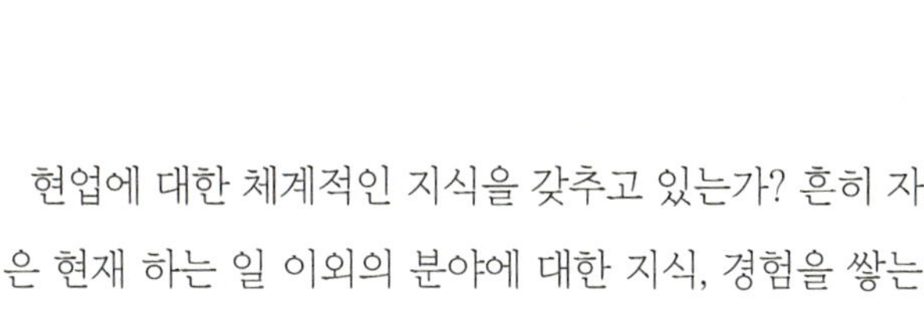

　현업에 대한 체계적인 지식을 갖추고 있는가? 흔히 자기 발전은 현재 하는 일 이외의 분야에 대한 지식, 경험을 쌓는 일이라고 착각하기 쉽다. 그러나 자기 발전의 출발점은 현업이다. 바로 지금 맡은 업무에서 출발한다. 자신이 수행하는 일의 구조와 원리를 이해하고, 관련 제도와 기술, 역사적 배경과 미래의 변화 방향까지 체계적으로 파악해가는 과정이 자기 발전의 핵심이다.

　야전교범《리더십》은 현업에 대한 체계적이고 전문적인 지식을 쌓으라고 강조한다. 자신이 수행하고 있는 직무에 관련된 법과 제도, 역사와 과제, 세계적 추세와 미래 전망, 예산과 관련 기술까지 지식을 하나하나 넓혀 가다 보면 해당 직업군에서 손에 꼽히는 전문가가 될 것이다.

　내가 미국 워싱턴 DC에 장기 파견을 나갔을 때의 일이다. 미 육군 현역 중령 A의 집에 방을 얻어 그곳에서 2개월 머물렀다. 나는 그의 일상을 옆에서 지켜보면서 직무에 대한 체계적이고 전문적인 지식을 쌓는다는 것이 무엇인지 제대로 알 수 있었다. 펜타곤에서 전황 브리핑 담당이던 그는 다음 해에 이라크 파병이 예정되어 있었다.

그는 평일 짬짬이 시간을 내어 이라크의 역사, 문화, 언어를 공부했고 지역 커뮤니티에서 관련 강의도 들었다. 주말에는 이라크 음식을 직접 요리해서 아랍계 주민을 초대하고 그들과 대화를 나누었다. 물론 대화는 더듬거리기는 했지만 아랍어를 사용했다. 이것이 직무 전문성 추구와 자기 발전이 동행하는 이상적인 사례다.

독보적 전문가를 추구하는가?

자기 발전이 모두에게 중요하다고 해서 모두 발전에 성공할 수 있는 것은 아니다. 자기 발전은 한정된 특정 분야에서 독보적인 전문가가 되는 것을 목표로 삼아야 한다. 전문가란 해당 분야의 지식과 경험을 체계적으로 정리하고, 다른 사람들이 참고할 수 있는 기준을 제시할 수 있는 수준에 이른 인물을 의미한다. 다시 말해 그 분야의 매뉴얼을 작성하거나 새로운 기준을 제시할 수 있는 정도의 전문성을 갖추는 것이 목표가 되어야 한다. 그 때문에 단순 재테크나 건강 유지 목적의 운동은 자기 발전에 포함되지 않는다고 한 것이다.

독보적 전문가란 해당 분야의 매뉴얼을 작성해서 출간할 만한 수준의 인물을 일컫는다. 미군 4성 장군 출신의 데이비드 페트레이어스와 같은 인물이 대표적이다. 그는 게릴라전과 대게릴라전 분야에서 평생을 보낸 작전 전문가로, 현장의 지식과 경험을 담아 미 육군의 교과서인 야전교범 중 《대반란전》을 직접 집필했다.

강점을 강화하는 중인가? 많은 직장인이 다양한 과외 활동에 도전한다. 앞서 언급했던 설문조사를 보니 자기 발전을 위해 프로그래밍, 외국어 학습 등에 시간을 투자한다는 젊은이가 많았다. 위너십의 관점에서 보았을 때, IT 기업에 근무하는 사람이 직무 능력 심화를 위해 프로그래밍을 배운다면 이는 자기 발전에 부합하는 행동이다. 그러나 외국어 쓸 일이 없는 물품 구매 담당자가 영어 콤플렉스를 극복하기 위해 외국어 학원을 다닌다면 그것은 자기 발전과 직접적인 연관이 있는 행동이 아니다.

일반적인 자기 발전 담론에서는 약점을 보완하고 모든 능력을 균형 있게 발전시키라고 조언하는 경우가 많다. 그러나 실제 조직 환경에서는 모든 능력을 평균 이상으로 끌어올리는 것이 현실적으로 어렵다. 따라서 제한된 시간과 자원을 고려할 때 자신의 강점을 중심으로 전문성을 강화하는 전략이 더욱 효과적일 수 있다.

야전교범 《리더십》은 가능한 한 강점을 강화하는 방식으로 자기 발전을 추구하라고 조언한다. 조직 생활은 얼마나 바쁘고 숨 가쁜가. 그 와중에 한정된 시간과 재화를 투자한다면 가지고 있는 강점을 강화하는 쪽이 약점을 보완하는 것보다 성과가 뛰어날 것이다.

마셜을 마셜답게
하는 힘

지난 20세기, 냉전 형성기에 미국의 제50대 국무장관이었던 조지 마셜은 '무슨 일을 맡더라도 그 분야 최고의 전문가가 되었다'고 평가받았다. 미 육군 장교 출신으로 두 번의 세계 전쟁을 경험하고 장군이 되어 미 육군참모총장 자리에 오르고 별이 다섯 개인 원수로 진급할 때까지 그는 '최고의 전문가'라는 평가를 들었다.

최전선의 교전이 이슈일 때는 병사들의 사격술을 직접 지도하는 교관만큼 기술교범을 꿰고 있었다. 미국의 국방예산 개혁을 앞두고 있을 때는 민간 출신의 회계사 이상으로 재정정보와 세부 지표를 잘 알았다.

그는 현업에 대한 체계적인 지식을 갖추기 위해 자신의 직무와 관련된 법, 제도, 행정, 예산을 공부하는 사람이었다. 단순히 공부하는 데에 끝난 것이 아니라 그 자신이 직접 산물을 생산했다. 그가 복무한 부서에는 중장기계획, 마스터플랜, 규정 및 방침, 실무 매뉴얼이 새로 갖추어지거나 보완되었다. 그는 한마디로 자기 발전을 도모하는 사람이었다.

이런 그가 1950년대에 미 국무부장관, 나토 초대 사령관을 역임했기에 유럽 부흥 계획인 마셜 계획이 성공하고 민주 진영의 집단 방위 조직인 나토군이 조기 성장할 수 있었다.

마셜의 사례는 자기 발전이 조직의 발전과 직결된다는 사실을 증명한다. 리더가 자신의 전문성을 끊임없이 확장하고 새로운 지식을 축적할 때 조직 역시 함께 성장한다. 반대로 리더가 자기 발전을 멈추는 순간 조직의 발전도 정체되기 쉽다. 자기 발전은 승리하는 리더가 갖추어야 할 기본적 책무라고 할 수 있다.

» 상황을 상정하라

나폴레옹의
두 가지 원칙

"일단 시작부터 해."

"시작이 반이다."

"우선 머리부터 집어넣어. 그럼 몸도 통과할 수 있어."

"장고 끝에 악수 두지 말고 빨리 결정해."

우리는 일상에서 이런 조언을 종종 듣는다. 지나치게 앞뒤를 재지 말고 과감하게 행동하라는 말들이다. 대중문화 역시 그런 태도를 마초, 상남자 등으로 미화하기도 한다. 그러나 위너십의 관점에서는 사정이 다르다. 중요한 과업을 앞두고 있다면 무엇을 말하고 어떻게 행동할지, 상대가 어떤 반응을 보일지, 예상 밖의 변수가 무엇일지를 미리 상정해야 한다. 상황을 상정할 때 승리에 조금 더 가까이 다가간다.

프랑스 혁명전쟁이 일어날 당시 프랑스군은 분명 강한 군대였지만 주변국의 다른 군대를 압도할 만한 강점이 있지는 않았다. 18세기 말, 19세기 초의 유럽에서 프랑스군은 결코 압도적인 우위를 점한 군대가 아니었다. 프랑스군은 오히려 열세였다. 무역을 바탕으로 한 경제력, 폭발적으로 늘어나는 인구, 군사 분야에 안목이 있는 정치지도자를 가진 오스트리아, 프로이센, 네덜란드, 스페인 등 주변국에 크게 뒤처졌다고 평가할 수 있다.

군인이며 저술가였던 자크 드 기베르는 1791년 프랑스군의 낮은 전투력을 개탄하면서 이렇게 묘사했다.

> 우리 군은 엄선해서 모집한 군대가 아니며 체계가 없고 임금을 제대로 받지 못한다. 군대를 이끌고 가보면 이기든 지든 한 번 싸우면 지치기 일쑤다. 국가는 군대에 투자할 돈이 없다. 국가부채가 많고 대외신용도가 떨어져 돈을 구할 길이 없다.

그런데 이런 프랑스 군대가 1792년 유럽의 모든 군대를 상대로 싸우기 시작해서 연전연승했다. 프랑스의 정치, 경제, 문화, 사회적 측면을 보면 연전연승을 설명할 만한 구체적인 변화가 있지는 않다. 프랑스군의 훈련, 편제, 장비도 그대로였다.

다른 점이 있다면 단 두 가지였다. 하나는 프랑스 국민이고, 다른 하나는 나폴레옹이었다.

나폴레옹을 흔히 '군사적 천재'라고 부른다. 그러나 그는 자신의 전승 비법이 매우 간단하다고 말하곤 했다. 대프랑스 동맹군

보다 열세인 프랑스군을 이끌고 대승을 거둔 날이었다. 동료 장군이 이렇게 말했다.

"나폴레옹, 당신은 천재요."

그는 대답했다.

"나는 천재가 아니오."

"천재가 아니라면 어떻게 미리 알고 있었던 것처럼 부대를 움직일 수 있소?"

그는 또 대답했다.

"다가올 상황을 미리 상정하고 거기에 대응하기만 하면 되오."

나폴레옹은 흔히 직관만으로 전장을 지배한 천재처럼 묘사되지만, 실제로는 계산과 상정의 능력이 매우 뛰어난 계산적인 지휘관이었다. 그는 포병 출신이었고, 포병 운용에 필요한 수학적 사고와 탄도 계산에 능숙했다. 전장에서 병력과 화력의 움직임을 머릿속에서 구조화하고 여러 가능성을 동시에 검토하는 능력이 탁월했다는 평가도 이런 맥락에서 이해할 수 있다.

그중에서도 그가 중요시한 것은 다가올 상황을 미리 상정하기와 상정한 상황에 맞게 대응하기, 이 두 가지 단순한 원칙이었다. 두 원칙을 통해 그는 미래에 벌어질 일을 미리 알고 있는 것처럼 군대를 움직여 연전연승할 수 있었다. 방법을 알고 보면 단순하다. 가능한 여러 상황을 먼저 그려보고, 각 상황이 도래했을 때 어떤 대응을 택할지를 앞서 준비해 두는 것이다. 이런 단순한 적용으로 나폴레옹은 미래를 알고 있었던 것처럼 승리했다.

상황을 상정하기
위하여

상황을 상정하기 위해서는 먼저 시나리오를 작성해야 한다. 군대에서 다가올 상황을 상정할 때는 METT+TC 요소를 활용한다. 현재 주어진 임무(Mission)는 무엇인가, 적(Enemy)은 어디에서 무엇을 하고 있는가, 지형과 기상(Terrain and Weather)은 어떤 상태인가, 나의 가용한 부대(Troops)는 얼마나 되는가, 고려해야 할 민간 요소(Civilian)는 없는가를 살피고 분석하는 것이다.

이런 데이터가 어느 정도 분류되고 나면 각 데이터가 현실에서 만나면 어떻게 될지 가정을 세우고 몇 가지 전제조건을 달아 단순화시킨다. 단순화시킨 사건들을 결합해서 시나리오를 만들고 그것이 정말 현실에서 일어날 만한 상황인지 검토한다. 이것은 제프리 바넷이 그의 저서 《미래전》에서 군대의 시나리오 작성 과정을 설명한 것이다.

군대에서는 실제로 이런 시나리오 작성을 작전과 전술 영역에 두루 활용한다. 미군은 작전계획 수립과 전투 지휘 과정에서 시나리오 식으로 임무 브리핑, 백브리핑, 워게임, 디브리핑, 레드팀 운용을 실행한다. 그 과정에서 다시 한번 상황을 상정하고 과제를 도출한다.

시나리오를 작성한 후에는 우발사태 목록을 만들어야 한다. 다가올 상황을 상정하는 것만큼 우발사태 목록을 만드는 것도 중요하다. 정말 일어날 것 같지 않은 혹은 일어나도 무시할 수 있는 사건들을 추려 목록을 만드는 것이다.

우발사태 목록은 기본계획이나 예비계획처럼 계획 수준으로 발전시켜 놓지 않고 말 그대로 목록으로 유지한다. 육하원칙으로 간단하게 서술하거나 도식으로 이미지화한 것을 그대로 활용하기도 한다. 실제 작전 현장에서는 토의하면서 손으로 쓴 포스트잇 메모를 모아 놓거나 종이로 된 차트에 그렸던 그림을 그대로 쓴다.

우발사태 목록은 발생 가능성이 크지 않더라도 일단 발생하면 전체 계획을 흔들 수 있는 사건을 미리 가시화하는 작업이다. 일어나지 않기를 바라지만, 일어날 수는 있는 사태를 짧고 명료하게 붙잡아 두는 것이다. "설마 이런 일은 일어나지 않겠지만 한번쯤 상기해보는 것도 나쁜 일은 아니지" 하고 시작한 우발사태 토의가 후일 실시간에 발생해서 도움이 되는 일이 종종 있다. 이럴 때 간략한 육하원칙과 참고가 적혀 있는 목록이 있으면 반응 속도가 매우 빨라진다. 예컨대 총회 도중 불만을 품은 주주가 난동을 부리는 경우, 중요한 경쟁 프레젠테이션 도중 장비가 멈추는 경우와 같은 사건은 평소에는 사소해 보일 수 있다. 그러나 이런 상황을 한 번이라도 우발사태로 상정해본 사람과 그렇지 않은 사람의 대응 속도와 침착성은 크게 달라진다.

마지막으로, 결심조건을 명시하라. 상황 상정의 핵심에는 언제나 '만약에'라는 질문이 놓여 있다. 만약 적이 예상보다 빨리 움직인다면 어떻게 할 것인가, 만약 정보가 불완전하다면 어디까지를 기준으로 판단할 것인가, 만약 최초의 전제가 어긋난다면 어떤 조건에서 즉시 결심을 내려야 하는가를 미리 따져 보는 것이다. 군대에서는 이것을 '결심조건'이라 부른다.

결심조건이란 시간적, 공간적 혹은 심리적으로 특정한 의사결정을 내려야 하는 지점을 말한다. 군대의 작전을 예로 들면 이런 것이다.

"적의 주력 70퍼센트 이상이 A 지점에 집결했을 때 포병 화력을 집중한다. 그런데 만약 이 조건이 충족되지 않더라도 적 선두 병력이 아군의 방어선 전방 600미터 지점에 도달하면 포병 화력을 집중한다."

결심조건을 미리 정해놓지 않으면 실전에서 "쏠까요? 말까요?" 묻는 사태가 발생한다. 판단 기준이 사전에 명시되어 있지 않으면 현장 지휘관은 매 순간 상급자의 재확인을 기다리게 된다. 그 사이에 상황은 이미 지나가 버릴 수 있다. 결심조건은 이런 지연을 줄이고, 불완전한 정보 속에서도 일정 수준의 일관된 행동을 가능하게 하는 장치다. 결심조건을 미리 정하는 그 자체가 평시에 하나의 연습과 훈련이 되며, 전시에는 반응시간을 최소화해서 승리 가능성을 높이는 수단이 된다.

언제 일어날지 모르기에
더더욱

　상황을 상정하는 습관은 군대나 전장에만 필요한 것이 아니다. 오히려 복잡한 조직 생활과 일상 업무에서 더욱 강력한 도구가 된다. 미리 우선순위를 정하고 우발사태를 검토해 두면 리더에게는 판단의 여유가 생긴다. 그리고 이 여유는 그 자체로 중요한 경쟁력이 된다.

　지금까지 살펴본 위너십의 원칙 '상황을 상정하라'를 일상에 적용해보자.

　먼저, 우선순위에 따라 업무를 수행한다. 업무를 수행할 때 우선순위를 정하고 우선순위가 높은 것에 시간과 노력을 집중하라는 조언을 잘 알고 있을 것이다. 그러나 실제로 우선순위를 정하는 사람은 많지 않다. 우선순위의 중요성을 몰라서가 아니라 실제로 무엇을 기준으로 우선순위를 정해야 하는지 익숙하지 않기 때문이다. 막연히 중요한 일을 먼저 하라고 말하는 것만으로는 충분하지 않다. 구체적인 기준과 도구가 있어야 한다.

수년 전 벤처 스타트업 기업을 대상으로 직원의 업무수행 효율을 측정한 적이 있다. 실제 현장에서 일하는 방식을 관찰하고 몇 명을 선택해서 상담했는데, 대부분 일일, 주간 시간 사용 계획 없이 작업하고 있었다. 과업을 지시하는 사람이 없으면 즉흥적으로 주먹구구식으로 일을 정해서 처리하는 경우가 많았다.

관찰과 상담이 끝난 후 이를 반영한 강의에서 '과업의 우선순위를 정해서 진행하는 것이 좋겠다'고 했는데, 한 사원이 "우선순위를 세우는 방법을 잘 모르겠습니다"라고 말했다. 그때 내가 제시한 것이 '아이젠하워 매트릭스'다. 미국의 제34대 대통령 아이젠하워가 제2차 세계대전 당시 실무 장교로 있을 때부터 사용했다는 우선순위 결정 도구다. 참고하면 도움이 될 것이다.

	긴급하다	긴급하지 않다
중요하다	긴급하고 중요하다 **당장 하라**	긴급하지 않은데 중요하다 **계획을 세워서 하라**
중요하지 않다	긴급한데 중요하지는 않다 **위임하라**	긴급하지도 중요하지도 않다 **하지 마라**

일어날 것 같지 않은 사태를 몇 가지 적어보는 것도 도움이 된다. 우발사태를 직접 적어보는 행위에는 독특한 효과가 있다. 그것은 아직 발생하지 않은 위험을 미리 한 번 직면해보는 것과 비슷한 심리적 준비를 제공한다. 당황하기 쉬운 사람, 임기응변에 약한 사람, 아직 벌어지지 않은 일 때문에 과도한 스트레스를 받는 사람에게 특히 유용한 이유가 여기에 있다.

일어날 것 같지 않은 사태, 즉 우발사태를 몇 가지 적어보는 것은 여러 가지 효과가 있다. 진행하고 있는 사업을 다른 관점에서 바라볼 수 있고 과업을 입체적으로 이해할 수 있으며, 무엇보다 정말 일어나지 않을 것 같은 그 일이 일어났을 때 능동적으로 대응하고 대처할 수 있다.

이 과정은 현재 진행 중인 사업이나 과업을 다른 각도에서 다시 보게 하고, 그동안 회피하거나 과장했던 문제를 실제 크기대로 인식하게 해준다. 어떤 경우에는 두려워하던 사태가 막상 적어 놓고 보면 생각보다 단순하다는 사실을 깨닫기도 한다.

바쁜 와중에 그런 것까지 생각하거나 적어 놓을 여유가 있느냐고 반문할 수도 있겠지만, 생각하고 적는 정도의 노력으로 프로젝트 전체에 영향을 미치는 큰 낭패, 돌이킬 수 없는 손실을 줄일 수 있다면 하지 않을 이유가 없다.

아울러 상대의 결심조건을 흔들어야 한다. 조직 생활은 일상 자체가 대결이다. 상급자의 결재를 받거나 하급자에게 일을 시키는 것도 내 선택지를 고르고 따르게 한다는 점에서 대결이다.

대결에서는 유리한 심리적 조건을 선점하는 것이 중요하다. 상급자가 보고서에 서명하는 심리적 조건, 하급자가 시킨 대로 따르는 심리적 조건을 내가 먼저 흔들면 원하는 대로 프로젝트를 수월하게 진행할 수 있다. 즉 상대의 결심조건을 흔드는 것이다.

예를 들어 목요일에 부장에게 보고할 문서를 월요일부터 과장에게 들고 가면 손댈 곳이 없어도 고칠 확률이 높다. 결심조건의 시간 요소가 과장에게 유리하기 때문이다. 손댈 필요 없고 문서 고칠 시간을 아끼고 싶다면 수요일 오후에 보고서를 가지고 들어가면 된다.

협상의 대가 허브 코엔에 따르면 결심조건의 심리적 측면을 가장 잘 이용하는 것은 TV 홈쇼핑이다. "이번 방송에 한해서만 패키지를 내놓습니다. 10분 뒤면 방송이 종료됩니다. ○○ 모델이 몇 개 남지 않았습니다"와 같은 멘트와 자막은 시청자의 결심조건을 흔든다. 결심조건이 흔들려 그달의 지출 한계액이라든지 배우자와의 약속 같은 것을 하얗게 잊고 구매 버튼을 누르는 것이다.

» 현실을 직시하라

그의 비결은
복잡하지 않다

'실상'이란 무엇일까? 결론부터 말하자면 '알 수 없는 것'이다. 현장에서 보고되는 정보는 언제나 일부에 불과하며, 때로는 상황을 전달하는 사람의 판단이나 처지에 의해 왜곡되기도 한다. 따라서 리더는 자신이 알고 있는 정보가 완전한 사실이라고 단정하지 않는 태도를 지녀야 한다. 군대에는 "부하는 상관을 3일 만에 안다. 그러나 상관이 부하를 아는 데는 3년이 걸린다"라는 말이 있다. 그러므로 '나는 실상을 잘 모르고, 지금 알고 있다는 것도 착각일 수 있다'는 문제의식부터 가져야 한다.

한 초임 소대장이 첫 당직근무에 투입되었다. 여명이 밝아올 무렵 눈이 내리기 시작했다. 그해 겨울의 첫눈, 소대장이 야전에 부임한 이래 첫눈이었다. 소대장의 가슴은 낭만으로 부풀었다. 행정반 창밖을 보며 군 생활의 미래에 축복이 가득하기를 빌었

다. 연병장에 차곡차곡 쌓이는 함박눈의 정경을 오래오래 기억
하기 위해 눈을 떼지 않았다.

그때 행정병이 "소대장님, 무엇을 뚫어지게 보십니까?" 하며
곁으로 다가왔다. 행정병은 단말마의 탄성을 뱉어내며 이렇게
중얼거렸다.

"에이, 젠장! 눈 오잖아."

낭만과 축복의 이미지로 읽혔던 눈을 병사들은 '하늘에서 내리
는 쓰레기'라고 부른다는 것을 소대장은 비로소 알았다. 그 어떤
병사도 눈을 좋아하지 않았다. 소대장은 자신이 '병사들의 실상'
을 잘 모른다는 것을 체험했다.

베트남전에서 있었던 일이다. 사단 내에서 유능하기로 소문난
대대장 A가 '최악의 부대'라는 부대를 맡기로 했다. 전투 준비 태
세 평가에서 100점 만점에 16점이라는 말도 안 되는 점수를 받은
전설 아닌 전설의 부대였다. 사단장이 '엉망진창의 형편없는 놈
들'이라고 표현했을 정도로 골칫거리였다.

결론부터 말하면 그는 '최악의 대대'를 '우수 부대'로 변신시켰
다. 주변에서는 강력한 리더십, 강한 교육훈련, 엄격한 신상필벌
이 변화의 원동력이라고 분석했다. 그러나 그의 휘하에 있던 병
사들의 증언은 달랐다.

그는 부임하자마자 병사들과 먹고 입고 자기를 함께했다. 그러
면서 자신이 불편한 것을 개선했다. 병사들도 개선의 혜택을 동

일하게 받았다. 간부 식당이 사라지고 급식의 수준이 높아졌다. 그가 먼저 온 병사들 뒤에 줄 서서 배식받자 다른 간부들도 똑같이 했다.

그의 부대는 간부와 병사 구분 없이 돌격, 포복, 사격 훈련을 했다. 병사들이 훈련할 때 언덕 위에서 지켜보고 서 있거나 행정반 책상에 앉아 있는 간부는 없었다. 훈련뿐만 아니었다. 일과 이후나 휴일의 작업도 함께 했다. 그러자 훈련 수준은 높아지고 작업은 몰라보게 줄었다.

그의 대대는 이렇게 우수 부대로 변모했다. 이 부대의 강점은 간부와 병사가 서로를 이해하고 신뢰한다는 것이었다. 부하의 실상을 알고 싶다면 직접 '동고동락'하는 것도 한 방편이다.

참고로 그는 걸프전쟁의 영웅, 은성무공훈장과 명예훈장을 받은 다국적군의 총사령관 노먼 슈워츠코프 장군의 젊을 적 모습이다.

상대방의 입장에서
보라

　부하의 실상을 이해하기 위한 가장 기본적인 방법은 오래전부터 강조되어 온 하나의 원칙으로 요약된다. 바로 '역지사지(易地思之)'이다. 진급하거나 부서를 이동하여 리더가 되었을 때, 우리가 가장 많이 듣는 조언이 또한 '역지사지'다. '상대의 입장이 되어 생각해보라'라는 이 조언은 평범해 보이지만 실천하기 매우 어렵다. 인간의 사고체계는 자신을 중심으로 세상을 관찰하고 해석하도록 구성되어 있기 때문이다.

　인간은 본능적으로 자기가 경험한 것과 이해관계를 기준으로 상황을 판단한다. 나를 중심으로 사건을 해석하고, 자신의 이익을 우선 추구하는 행동은 인간이 생존과 발전을 거듭할 수 있는 원동력이다. 그래서 인간은 평생에 걸쳐 가정교육, 학교교육, 사회생활을 통해 그렇게 배우고 익힌다. 그런데 자기중심적 사고는 리더의 위치에서는 조직 전체를 이해하는 데 장애가 되기도 한다.

리더가 되었다고 해서 자기중심적인 사고체계와 이기적인 행동을 갑자기 바꿀 수 있는 것은 아니다. 역지사지라는 것은 '오늘부터 나는 리더니까 역지사지해야지' 하고 마음먹는다고 되는 일이 아니다.

역지사지를 실천하기 위해서는 첫째, 옛날 일을 언급하지 말아야 한다. 이것은 무슨 뜻인가? "나 젊었을 때는 어땠는지 알아?"로 시작하는 '왕년 타령'을 하지 말라는 것이다. 많은 리더가 과거 자기가 겪은 일을 기준으로 현재의 조직을 판단하려는 경향이 있다. 그러나 시대와 환경은 끊임없이 변화한다. 과거의 경험이 언제나 현재의 문제를 해결해주는 것은 아니다.

역지사지를 통해 구성원의 실상을 알기 위해서는 이와 반대로 해야 한다. 즉 "당신은 어떻게 배웠고, 어떻게 하려고 하는가?"로 대화를 시작하는 것이다. 에머슨 일렉트릭의 최고경영자 데이빗 파가 실제로 이렇게 한다. 그는 현장으로 가서 직원들을 자주 만났고, 만나면 이런 질문을 했다고 한다.

"어떤 의미 있는 변화를 만들어 내고 있습니까?"
"어떤 아이디어를 실행하려고 노력하고 있습니까?"
"최근에 상사에게 코치를 받은 건 언제입니까?"

이 질문들은 단순한 대화가 아니라 조직의 상태를 파악하기 위한 도구이기도 하다. 리더가 어떤 질문을 던지느냐에 따라 구성원은 무엇이 중요한지 인식하게 되고, 조직의 사고방식 역시 그 방향으로 형성된다.

에머슨 일렉트릭을 글로벌 500대 기업으로 선정한 《포브스》지는 데이빗 파가 직원들을 찾아다니며 질문하고 경청하고 대화하는 것 자체가 전략과 혁신이라고 평가했다. 그것이 기업의 대외 홍보 이미지가 되고, 경영자의 일거수일투족에 주목하는 임원들의 모델이 되며, 구성원들이 조직의 목표와 상급자의 지시를 대하는 마음 자세가 된다는 것이다.

둘째, 가능한 한 일대일 대인 접촉을 많이 해야 한다. 나이가 많고 직급이 높아질수록 더욱 그래야만 한다. 말단 구성원과 만날 기회를 의도적으로 늘려야 한다. 직급이 높아질수록 리더는 보고와 문서를 통해 조직을 이해하려는 경향이 강해진다. 그러나 문서와 보고만으로는 구성원의 실제 상황과 감정을 파악하기 어렵다. 직접적인 대화를 통해서만 얻을 수 있는 정보가 존재한다.

조직관리 연구자들에 따르면 리더가 구성원과 일대일로 접촉하는 행동의 성과는 다른 대체재가 없을 만큼 효과가 뛰어나다.

펜실베이니아주립대 와튼스쿨에서 경영학을 가르치는 마이클 우셈 교수는 다음과 같은 사례를 들어 일대일 접촉의 중요성을 강조했다.

나는 합참의장을 강사로 초빙한 적이 있다. 합참의장은 강의실로 들어오더니 학생들이 앉아 있는 맨 앞줄로 가서 악수하며 한 명 한 명과 짧은 대화를 나누었다. 통상 이런 경우 강사들은 앞줄의 두세 명과 그렇게 했다. 그러고 나면 나머지와는 눈인사를 나누고 단상 위로 올라가는 것이다.

그러나 합참의장은 그렇게 하지 않았다. 악수와 짧은 대화를 멈추지 않고 세 번째 줄의 학생들 있는 곳까지 갔다. 강의실의 세 번째 줄에는 모스크바에서 온 학생이 있었다. 그 학생은 합참의장과 악수하면서 자신의 아버지가 소련군 장군이었다고 말했다. 강의실에는 잠시이지만 침묵이 감돌았다. 이때 합참의장이 좌중을 둘러본 후 말했다.

"여러분의 아버지 세대들은 모두 같은 역사를 공유하고 있을 겁니다. 자, 당신의 아버지가 소련군 장군이었다는 말이죠?"

주변을 한 번 더 둘러보고 합참의장이 이어서 말했다.

"당신의 아버지가 미국을 방문한다면 함께 보드카 한 잔 나누고 싶네요."

역사와 세대로 단절되어 있던 합참의장과 학생들의 틈이 메워지는 순간이었다.

셋째, 부하들은 바보가 아니라는 것을 명심해야 한다. 많은 리더가 개구리 올챙이 적 생각하지 못하고 부하를 바보 취급한다. 예를 들면 어떤 리더는 속으로는 못마땅해하면서 겉으로만 칭찬하는 척한다. 그러면 부하는 속으로는 못마땅하지만 겉으로는 감동하는 척한다. 상대가 '척'한다는 것을 아는 것은 부하뿐이다. 조직 구성원은 리더의 말과 행동에서 진심과 형식을 구별할 수 있는 능력을 지니고 있다. 겉으로만 보여주는 관심이나 일회성 배려는 오히려 신뢰를 떨어뜨리는 결과를 낳기도 한다.

생색내기용 일회성 선심은 효과가 없다. 리더의 진심이 담겨 있어야 한다. 진심을 낼 정도가 아니라면 일관성과 지속가능성이 있으면 된다.

부하들은
바보가 아니다

모 기업 연구소에서 있었던 일이다. 새로 부임한 연구소장은 연구소 구성원들과 직원식당에서 점심을 먹으면서 소통 시간을 갖겠다고 했다. 얼굴을 마주보고 함께 밥 먹으면서 기탄없이 대화를 나누겠다고 했다. 그러나 연구소 구성원들은 대번에 알아차렸다. 신임 소장이 직원식당에 가기 싫어하며, 자신을 추월해서 진급한 후배들을 마주보고 싶어 하지 않다는 것을. 의사소통은 그저 핑계였다.

편한 마음으로 맛있게 먹어야 할 시간이 가장 스트레스받는 순간이 되었으니 구성원들의 불만은 매우 컸을 것이다. 결국 그중 한 명이 직원 게시판에 익명으로 글을 올렸다. 신임 소장과 같이 밥 먹고 싶지 않아 병가를 쓴 적이 있다, 아랫사람이 돌아가면서 신임 소장과 같이 밥 먹는 것은 부당한 갑질이라는 요지였다.

인사 부서에서 지침이 내려와 구성원들과 식사할 수 없게 된 소장은 연구소 부속실 직원을 데리고 밖에서 떠돌며 식사하거나 여의치 않을 때는 김밥 심부름을 시켜 점심을 때웠다. 점심시간이 가까워지면 예민해져서 보고자를 닦달했고, 김밥을 먹은 날은 보란 듯이 은박 포장지를 회의 테이블 위에 떡하니 올려놓고 치우지도 못하게 했다. 부하들은 바보가 아니다. 연구소 구성원들은 소장의 동석 식사 제안이 진심이 아니라는 것을, 그가 의사소통에 별 관심이 없다는 것을 알고 있었다.

리더의 위치에 오를수록 보고와 통계, 문서와 회의를 통해 많은 정보를 접하지만, 그 정보들이 곧 조직의 실상을 그대로 보여주는 것은 아니다. 현장에서 벌어지는 일과 구성원이 실제로 느끼는 감정, 그리고 조직 내부의 미묘한 관계는 언제나 보고서의 문장과 숫자 사이에서 빠져나가기 마련이다. 따라서 자신이 알고 있는 것이 전부가 아닐 수 있다는 전제를 항상 마음에 두어야 한다.

역지사지는 조직을 운영하기 위한 현실적인 기술이다. 구성원의 업무 환경과 고민, 현장에서 부딪히는 제약과 부담을 직접 듣고 관찰하려는 태도가 없다면 리더는 결국 자기 경험과 판단만으로 조직을 이해하게 된다. 그러면 조직의 실제 문제와 리더의 인식 사이에 점점 더 큰 간극이 생길 수밖에 없다.

조직과 부하의 실상에 가까이 다가가는 길에 특별한 비결이 있는 것은 아니다. 정도는 꾸준한 소통과 관찰에 있다. 구성원과 직접 대화하고 그들의 상황을 이해하려 노력하며 자신의 판단을 수정할 준비가 되어 있는 리더만이 승리할 수 있다.

조직 생활을 하다 보면 혼자 일하는 것을 선호하는 리더를 종종 볼 수 있다. 실무자라면 개인적으로 일을 처리하는 방식이 일정 부분 가능하지만, 부하를 둔 리더가 같은 방식으로 일하면 조직 전체의 효율은 오히려 떨어질 수 있다. 주변에서 부하에게 일을 알려주고 함께 진행하라고 조언하면 "혼자 하는 것이 빠르고 편하다"라는 답이 돌아오기도 한다.

이런 태도는 단기적으로는 편할 수 있지만 조직의 학습과 성장이라는 측면에서는 바람직하지 않다. 리더가 정보를 독점하고 혼자 판단하는 구조에서는 구성원이 상황을 이해하고 스스로 판단하는 능력을 키우기 어렵기 때문이다. 이런 문제를 해결하기 위해 군대에서는 오래전부터 하나의 분명한 원칙을 강조해 왔다. 그것이 바로 '함께 공유하라'라는 위너십의 원칙이다.

여기에서 '지휘관 의도'를 알려주라는 것은 "내가 어떤 생각을 하고 있느냐면……" 하는 식으로 속내를 털어놓으라는 뜻이 아니다. 군사용어 사전을 보면 '지휘관 의도'란 '작전 수행을 통해 달성하고자 하는 작전 목적과 이를 달성했을 때의 최종 상태를 진술한 것'이다.

리더는 부하들에게 단순 과업을 부과한 후 '하라면 해' 식으로 실행을 독촉하는 경우가 많다. 그러나 위너십의 원칙은 분명히 강조한다. 지휘관의 의도가 무엇인지, 작전이 끝났을 때 조직이 그리는 청사진이 무엇인지 부하에게 미리 알려주라는 것이다.

지휘관의 의도를 명확하게 전달하려면 리더 자신이 작전과 과업의 전체 구조를 충분히 이해하고 있어야 한다. 또한 전달되는 내용은 복잡한 설명이 아니라 핵심이 분명하고 간결한 언어로 표현되어야 한다. 조직 내 의사소통이 원활하게 이루어질 때 구성원은 상급자의 의도를 빠르게 이해하고 자기 행동을 그 방향에 맞춰 조정할 수 있다. 이런 상태를 군대에서는 '공동의 상황 인식'이라고 부르며, 성공적인 작전 수행의 중요한 조건으로 간주한다.

군대에서는 왜 하급자가 2단계 상급 지휘관의 의도를 알고 있어야 한다고 강조할까?

첫째, 행동의 자유와 주도권 때문이다. 하급자가 상급 지휘관의 의도를 잘 알고 있으면 결정적인 순간에 "쏠까요? 말까요?"를 하지 않고 스스로 행동을 결정할 수 있다. 이것을 행동의 자유라고 한다.

미 육군 야전교범 《군사적 결심 수립 절차》에는 "결정적인 순간에 누가 더 행동의 자유를 많이 갖고 있느냐에 따라 전장에서의 주도권이 결정된다"라고 쓰여 있다. 전장에서 주도권을 갖는 측이 승리에 더 가깝다는 것은 주지의 사실이다.

둘째, 작전의 속도 때문이다. 전장에서 통신이 끊겨 부대 간에 연락되지 않는 상황을 상정해보자. 공동의 상황 인식이 이루어진 부대는 그렇지 않은 부대보다 의사결정, 실행이 훨씬 빨리 이루어진다. 상급자가 하급자의 다음 행동을, 하급자가 상급자의 다음 지시를 어느 정도 예측할 수 있기 때문이다.

그렇다면 어떻게 해야 상·하급자가 공동의 상황 인식을 가질 수 있을까? 미 육군 야전교범 중 《작전 절차》에 다음과 같은 행동 준칙이 제시되어 있다.

먼저, 평소 스스로 상황을 판단할 수 있도록 육성해야 한다. 과업이 주어졌을 때 스스로 문제를 파악하고 해법을 찾아 적용할 수 있도록 부하를 육성하려면 많은 시간과 노력이 소요된다. 그렇다고 해도 조직 성패의 열쇠가 여기에 있다고 여기고 가르쳐야 한다. 그런데 부하 육성에 어느 정도의 시간과 노력이 소요될까? 상황에 따라 다르겠지만 잭 웰치가 제너럴일렉트릭의 최고 경영자로 근무할 당시 한 인터뷰에서 "우수 인재 육성에 나의 시간 중 30퍼센트를 투자한다"고 말한 바 있다.

초기 단계부터 상급 부서의 계획이나 지침을 알려주어야 한다. 조직의 계획, 상급자의 지침은 탑-다운 방식으로 내려오는 경우가 많다. 이를 받아 든 하급자가 일을 시작하려고 보면 가용시간이 모자랄 때도 있다. 《작전 절차》에서는 "상급 부대가 가용시간의 3분의 1을 쓰고, 3분의 2는 예하 부대가 쓸 수 있도록 해야 한다"고 강조한다. 또한 "완벽하고 훌륭한 계획을 수립하는 것만큼 적당한 계획을 빨리 하달하는 것도 중요하다"고 했다. 그러므로 천재적인 아이디어가 있지 않다면 계획이나 지침을 수정 보완하겠다고 붙들고 있는 것도 금물이다.

아울러 계획 작성의 중심은 리더가 되어야 한다. 리더 그 자신이 계획을 주도적으로 작성하고 마무리 지어야 하며 시종일관 중심에 있어야 한다는 말이다. 부하들이 계획을 만들어 가지고 오면 연필이나 빨간 펜 들고 이리저리 고치는 시대는 지났다. 리더는 해당 업무의 최고 전문가여야 하고 전문가로서 리더가 지식과 경험을 담아 계획을 직접 작성하고 프로그램을 주도해야 한다.

교육자로서의
리더

　리더가 조직 구성원에게 내용을 명확하게 전달하려면 또 하나의 전제가 필요하다. 그것은 리더 자신이 그에 대해 충분히 연구하고 학습해야 한다는 점이다. 복잡한 내용을 단순하고 명확하게 설명하는 일은 결코 쉬운 일이 아니다. 교육자가 학생에게 어려운 이론을 이해하기 쉬운 언어로 전달하려면 그 이론의 배경과 구조를 깊이 이해하고 있어야 하는 것과 같다. 다시 말해 구성원에게 쉽게 알려주기 위해서는 리더가 먼저 어렵고 복잡한 과정을 거쳐 충분히 탐구하고 분석해야 한다. 이런 준비가 될 때 비로소 조직 내 의사소통은 간결하면서도 정확하게 이루어질 수 있다.

　그러므로 리더는 관리자이면서 교육자여야 한다. 리더는 부하를 가르쳐 조직의 인재로 육성할 책무가 있다. 교육자로서 지식을 전달해야 한다. 지식을 전달하려면 부하보다 더 많이 알고 꾸준히 공부해야 한다.

A 장교는 정교하고 집요하게 일하는 사람으로 소문났다. 그래서 상급자들은 한번 그를 붙잡으면 놓지를 않았는데, 이 때문에 초급장교 시절 그는 필수보직을 고루 이수하지 못해 진급에 어려움을 겪기도 했다.

상급자들이 그를 이렇게까지 좋아했던 가장 큰 이유는 구성원을 가르치고 육성해서 조직 전체가 발전하도록 만들었기 때문이다. 그래서 그가 일하는 부서는 마치 강의실 같았다고 한다.

아울러 그는 끊임없이 학습하는 스타일이었다. 그냥 일 잘하려고 책 읽고 공부하는 수준을 이미 넘어섰다. 그는 과업을 하나 맡으면 그에 관한 법과 제도를 꿰고 관련 정책, 예산까지 꼼꼼히 챙겼다. 그래서 그가 일하고 나간 자리에는 중장기계획, 예산안, 참고자료집, 실무자 매뉴얼이 놓여 있었다고 한다.

그와 같은 스타일이 교육자로서의 리더다. '함께 공유하라'라는 위너십 원칙을 몸소 실천한 그는 미국의 제15대 육군참모총장, 제50대 국무장관, 제3대 국방장관을 역임하고 노벨 평화상을 받은 조지 마셜 원수다.

위너십의 원칙 '함께 공유하라'는 조직의 방향과 목표를 구성원과 공유하고, 구성원이 스스로 판단하고 행동할 수 있도록 돕는 과정이다. 리더가 지식과 경험을 축적하고 이를 체계적으로 전달할 때 조직은 개인의 능력에 의존하는 구조를 넘어 집단적 학습 능력을 갖춘 조직으로 발전할 수 있다. 결국 구성원에게 충분히 알려주고 이해시키는 리더만이 조직의 지속적인 성장과 성과를 만들어 승리할 수 있다.

» 부하의 능력을 키워라

혼자서는
할 수 없다

조직의 리더가 부하의 능력을 개발해야 하는 가장 분명한 이유는 리더 혼자 모든 것을 처리할 수 없기 때문이다. 얼마 전 기업의 팀장급을 대상으로 온라인 강의를 했다. '부하를 가르쳐야 한다'라는 요지로 강조하자 "가르치느니 그냥 내가 조금 더 일하는 게 낫다"는 댓글이 올라왔다. 그것이 당장 성과도 높고 시간도 적게 든다는 것이었다.

조직에서 이런 태도는 생각보다 흔하게 나타난다. 많은 리더가 부하에게 일을 맡기기보다 스스로 처리하는 것이 더 빠르고 효율적이라고 판단한다. 실제로 단기적인 업무 성과만 놓고 보면 그 판단이 틀렸다고 하기 어렵다. 경험이 많은 리더가 직접 처리하면 시행착오를 줄일 수 있고 의사결정 과정도 단순해지기 때문이다. 그러나 이런 방식은 조직 전체의 역량을 축적하지 못한다는 점에서 근본적인 한계를 가진다. 부하가 성장할 기회를 얻지 못하고, 리더 개인에게 업무가 집중되는 구조가 반복되기 때문이다.

'앓느니 내가 직접 한다'는 심정으로 부하에게 시키지 않고 내가 처리하면 1, 2년은 버틸 수 있다. 그러나 그 이상은 버티지 못한다. '언 발에 오줌 누기'라는 속담이 여기에 들어맞는다. 조직의 관점에서도 부하의 능력을 키워 전체적인 역량 성장에 기여하는 리더를 선호한다. 그렇다면 어떻게 해야 효과적으로 부하의 능력을 개발할 수 있을까?

부하의 능력을
개발하고 싶다면

먼저, 기본부터 착실히 가르쳐야 한다. 조직에는 비전, 마스터 플랜, 중장기계획 등의 기획 문서가 있고 정관, 규정, 규칙, 지침 등의 내규 문서가 있다. 대개는 이런 문서를 보지 않고 일한다. 이런 문서를 모르고 일하는 구성원은 체력 약한 복서와 같다. 운 좋게 1, 2라운드에서 이기면 커리어를 이어갈 수 있겠지만 한계는 분명하다.

따라서 부하의 능력을 개발하고 싶은 리더는 조직의 뼈대가 되는 문서를 구체적인 학습 계획에 따라 꾸준히 가르쳐야 한다. 이때 리더 그 자신이 기획 문서, 내규 문서 등을 잘 알고 가르칠 수 있는 선생이 되어야 하는 것은 당연하다.

이 과정에서 중요한 것은 단순 지시하거나 문서를 전달하는 수준에 머물러서는 안 된다는 점이다. 현재 수행하고 있는 과업에 담긴 정책과 규정이 어떤 배경에서 만들어졌는지, 실제 업무에서는 어떤 의미를 갖는지까지 세밀하게 설명해야 한다. 구성원이 조직의 구조와 원리를 이해할 때 비로소 업무수행을 체계적인 문제 해결 과정으로 받아들일 수 있기 때문이다.

둘째, 개성을 살려라. 부하를 기계처럼 만드는 것만큼 비효율적이고 헛된 것은 없다. 군말 없이 시킨 대로 일만 하는 부하를 원하는 상급자들도 종종 보인다. 그러나 이렇게 성장한 부하는 결정적인 순간에 사고와 행동이 멈춰버린다. 위기의 순간에 멈춘 부하만큼 조직을 위태롭게 하는 것은 없다.

조직이 안정적으로 성장하려면 구성원의 능력이 동일한 방식으로 표준화되는 것보다 각자의 강점이 다양한 방식으로 발휘되는 것이 훨씬 유리하다. 동일한 방식으로 사고하고 행동하는 조직은 예측 가능한 환경에서는 효율적일 수 있지만, 예상하지 못한 위기 상황에서는 대응력이 급격히 떨어질 수 있다. 따라서 리더는 부하를 하나의 틀에 맞춰 통제하기보다 각자의 장점을 활용할 수 있는 역할과 기회를 제공해야 한다.

또한 부하가 성장해서 독창적 아이디어를 내고 조직의 중요한 구성원으로 인정받는 것을 보는 보람도 생각해볼 필요가 있다. 부하를 기계처럼 만들어 놓으면 이런 보람은 느낄 수 없다.

그러므로 리더는 부하의 강점과 약점이 무엇인지 파악해서 강점을 강화할 수 있는 여건을 부여해야 한다. 부하의 차별적인 능력이 빛날 수 있는 계기를 미리 포착해 실력을 발휘할 기회를 주어야 한다.

이런 가운데 중요한 것은 실수를 용인하는 일이다. 1980년대에 세 번이나 미식축구 우승을 이끈 전설적인 감독 빌 월시는 이런 말을 한 적 있다.

"나를 비롯한 팀원들은 쿼터백 중 조 몬타나의 창조적인 능력이 제한되지 않게 각별하게 신경 썼습니다. 특히 몬타나의 작전이 들어맞지 않았을 때, 그를 비난하지 않도록 무척 조심했습니다. 실수하더라도 오히려 그가 더 자신의 스타일대로 플레이할 수 있도록 격려했습니다."

마지막으로, 자기 주도 학습을 하도록 장려하라. 부하가 스스로 공부할 수 있도록 전반적인 환경과 구체적인 수단을 마련해주어야 한다. 이것을 '자기 주도 학습'이라고 한다. 자기 주도 학습의 가장 큰 특징은 스스로 목표, 과목, 시간 등을 설정해서 공부하는 것이다. 그런 가운데 문제가 무엇인지 판단하는 능력, 스스로 해결책을 찾는 방법 등을 배울 수 있다.

자기 주도 학습은 조직이 일정한 방향과 목표를 제시하고, 구성원이 그 안에서 스스로 학습 계획을 세우고 실행하도록 돕는 구조를 의미한다. 이런 학습 방식은 구성원이 문제를 발견하고 해결하는 능력을 키우는 데 효과적이며, 장기적으로 조직 전체의 학습 능력을 높이는 기반이 된다.

　현대전의 대표적 패전 사례인 아프가니스탄 전쟁(2001~2021)의 중간 검토 보고서에서 미군은 자신들이 왜 실패를 거듭하고 있는지 분석한 결과를 내놓았다.

　"미래 전장의 장병들에게 가장 필요한 덕목은 창의적이고 비판적인 사고다. 현대전은 복잡한 작전환경과 예측 불가능한 위협으로 인해 무엇이 문제인지조차 모를 때가 많다. 이런 상황에서는 주어진 해법 중 하나를 골라 문제 해결에 적용하는 기존의 방법론이 무용해진다. 문제가 무엇인지 스스로 파악하고, 거기에 맞는 해법을 창안하는 능력이 필요한데, 그 출발점이 바로 창의적이고 비판적인 사고다."

　이후 미 육군의 교육 커리큘럼에는 장병이 자기 주도 학습을 통해 문제를 파악하고 해법을 창안하는 새로운 수단과 도구가 대거 도입되었다.

미래 경쟁력을 위한
확실한 투자

《혼자만 잘 살믄 무슨 재민겨》라는 제목의 베스트셀러가 있었다. 말 그대로 다 함께 어울리고 서로 도와서 잘살자는 내용이다. 직장생활에도 이 말은 똑같이 적용된다.

"혼자만 잘 하믄 무슨 소용인겨."

리더 혼자 잘하는 것으로는 조직 차원의 성과를 낼 수 없다. 부하의 능력을 개발해야 과업의 효율, 조직의 발전, 리더의 보람이라는 세 마리 토끼를 다 잡을 수 있다.

부하의 능력을 개발하는 일에 관해 대화하다 보면 많은 리더가 "그런 거 신경 쓸 틈이 어디 있어. 나 먹고살기도 바쁜데"라고 토로한다. 틀린 말은 아니다. 그러나 확실한 것은 그런 현실적인 여건에도 불구하고 부하 능력에 시간과 에너지를 투자하는 사람이 진정한 리더다.

직접 가르칠 시간이 없고 능력이 부족하다면 여건이라도 보장해주면 된다. 부하에게 자기 주도 학습 시간을 주고 예산을 마련해서 할당하면 성장할 사람은 자기가 알아서 성장한다. 이런 시도조차 하지 않고 부하를 시키는 일만 하는 기계처럼 다루다 보면 결국 리더 자신도 부하에게 일만 시키는 기계가 된다는 것을 명심하자.

위너십의 궁극적인 성과는 개인의 능력이 아니라 조직 전체의 성장으로 나타난다. 리더가 모든 일을 직접 처리하는 조직은 단기적으로는 효율적으로 보일 수 있지만, 장기적으로는 지속적인 발전을 이루기 어렵다. 반대로 구성원의 능력이 꾸준히 향상되는 조직은 시간이 지날수록 더 큰 성과를 만들어 낼 수 있다. 부하의 능력을 개발하는 일은 조직의 미래 경쟁력을 확보하는 확실한 투자다.

» 솔직하라

자기 자신에게
솔직하라

　리더가 모든 분야에서 우월한 전문성을 갖추는 것은 현실적으로 불가능하다. 현대 조직은 다양한 전문 영역으로 구성되어 있기 때문에 한 사람이 모든 지식과 경험을 갖출 수는 없다. 중요한 것은 자신의 한계를 정확히 인식하고, 해당 분야에서 더 뛰어난 구성원의 능력을 인정하는 태도다. 리더가 이런 태도를 보일 때 구성원은 자신의 전문성을 적극적으로 발휘할 수 있으며, 조직 전체의 역량 역시 자연스럽게 강화된다.

　리더는 통상 자신이 지적으로 우월해야 한다고 여긴다. 만약 어떤 팀장이 특정 분야 전문가이고 해당 영역에서 우월성을 주장한다면 큰 문제는 없다. 그러나 자신의 전문 분야도 아닌데 팀장이라고 해서 팀원의 전문 영역에 대해 아는 척하고 지나치게 간섭한다면 팀이 삐걱거리기 시작한다. 모르는 영역에서 우월성을 주장하지 않고 자신보다 나은 전문가를 인정하고 지원하는 것이 리더의 역할이다.

그런데 상대적으로 우월한 전문 분야가 없거나 아예 전문성 없이 일반관리자로 성장한 리더도 있을 수 있다. 이런 경우야말로 부하 앞에서 아는 척하지 않고 모르는 것을 감추지 않으며 부하에게 배움을 청할 수 있는 솔직한 태도가 필요하다.

'솔직함'의 사전적 정의는 '꾸밈이 없고 바르다'다. '꾸밈이 없고 바르다'는 것은 과연 무엇일까? 심리학자들이 이에 대해 실시한 여러 실험과 정리가 있어 참고할 만하다. 인본주의 심리학자 칼 로저스는 솔직함을 '자기 자신에게 솔직한 것'과 '타인에게 솔직한 것'으로 나누어 설명했다.

칼 로저스의 연구 결과에 따르면 자기 자신에게 솔직한 것은 '내적 성숙'과 밀접한 관련이 있다. 내적으로 성숙해서 자기 자신에게 솔직한 사람은 자기 수용력이 높고 리더로서 훌륭한 역할을 기대할 수 있다.

'자기 수용'은 자신이 무지, 두려움 등의 약점을 갖고 있다고 인정하는 것이다. 스스로 인정할 뿐만 아니라 타인에게 그것을 숨기지 않고 드러내는 것이다. 자기 수용은 크게 세 가지 효용이 있다.

첫째, 관계를 갖는 타인에게 신뢰를 준다. 솔직히 약점을 인정하고 조언을 구하는 사람이라면 믿을 수 있다고 다들 생각할 것이다. 이런 신뢰는 조직 내 의사소통의 속도를 높여 업무 효율, 과업 성과에 긍정적 효과를 미친다.

둘째, 약점을 극복할 수 있는 발판을 마련할 수 있다. 자신의 무지를 인정해야 경청과 학습을 발판 삼아 다음 단계로 나아갈 수 있다.

셋째, 강박과 고정 관념에서 벗어나 자유로운 사고가 가능하다. 이를테면 리더는 모든 것을 알고 있어야 한다는 강박에서 벗어나 부하에게 배움을 청하는 유연한 자세를 가질 수 있다.

자기 자신에게 솔직한 것이 내적 성숙과 관련이 있다면, 타인에게 솔직한 것은 평등에 대한 인식과 관련 있다. 누군가에게 속내를 솔직하게 털어놓는 것은 양자 관계를 평등한 인간 대 인간으로 본다는 뜻이다.

솔직한 사람은 내가 상대보다 직급이 높기는 하지만 자신 역시 무지, 두려움 등의 약점이 있다는 것을 인정하고 이를 행동으로 옮긴다. 또한 직급이 낮은 상대에게도 내가 배울 만한 지식, 경험이 있다는 것을 인정한다.

따라서 솔직한 리더는 권한 위임을 더 잘하는 경향이 있다. 또한 새로운 개념, 기술에 대한 흡수력이 상대적으로 빠르다. 언제든 부하에게 모르는 것을 물어보고 배우기 때문이다.

솔직함을
끌어내려면

그런데 솔직함은 리더에게만 필요한 덕목이 아니다. 이해하지 못했는데 질문하지 않고 모르는 것을 감추는 부하는 과업을 망칠 수 있다. 야전교범 《리더십》은 부하의 솔직함을 이끄는 방법에 대해 다음과 같이 조언한다.

첫째, 비난하지 않아야 한다. 부하가 하던 일이 잘못되었다고 해도 그의 능력, 사람됨, 인격을 건드리면 안 된다. "이 보고서 왜 이렇게 만들었어! 이거 어떻게 할 거야!"라든가 "이걸 결과라고 가지고 왔어? 당신이 다 책임져!"라고 하는 것이 비난이다.

리더가 비난하면 부하는 심리적으로 움츠러든다. 이것이 반복되면 무조건 실수를 숨기려 할 것이다. 나서서 일하려는 사람이 없어질 것이다. '일하고 욕먹느니 일 안 하고 인정받지 않겠다'는 복지부동의 조직 분위기는 이렇게 형성된다.

따라서 비난하는 대신 "이 보고서는 결론을 뒷받침하는 데이터가 없어. 데이터를 찾아서 반영하도록 해", "이 결과는 처음 보고한 것보다 많이 떨어지는데? 왜 이렇게 된 건지 현장에 알아봐. 나는 다른 부서 어떤지 알아볼게"처럼 함께 고민하고 논의해야 한다.

대안교육의 대가라고 불리는 존 홀트는 '비난받을 만한 짓을 해도 이를 수용하는 교사'를 전인(全人)교육의 모범으로 보았다. 그런 교사를 통해 학생은 비로소 정직의 진정한 가치를 체험한다고 했다.

둘째, 경청해야 한다. 칼 로저스가 학교를 대상으로 설문과 조사를 해본 결과, '학습 분위기가 좋고 학업 성취도가 높은 교실'은 학생들의 발언 빈도가 높았다. 학습 활동에 대한 참여도도 높았다.

원동력이 무엇일까 하고 분석해보니 교사의 경청에 답이 있었다. 수업을 진행하고 질문에 답할 때를 제외하고 교사는 가능한 한 많은 시간을 학생 발언에 할애했다. 학생들은 교사와 의사소통이 잘 된다고 생각했다.

이윽고 학생들은 교사에게 솔직해졌다. 학생들은 학습 상담에서 자신의 문제와 고민을 솔직히 털어놓았다. 문제의 어느 부분이 잘 이해되지 않는지부터 특정 과목 공부를 왜 하기 싫은지까지 있는 그대로 말했다. 교사는 이를 바탕으로 개별 특성에 맞는 학습지도를 할 수 있었다.

반대로, 교사가 말을 많이 하고 학생의 발언을 중간에 끊어버리면 학생들은 교사와 소통을 포기한다. 더 심해지면 '너는 말해라. 시간아 흘러가라'는 식으로 자포자기한다. 학교뿐만 아니다. 일반 회사나 정부 기관에서도 마찬가지다.

회의나 토론의 현장을 살펴보면 아직도 리더가 연설이나 훈시하듯 시간의 주도권을 갖는 곳이 많다. 커뮤니케이션 전문가 코르넬리아 토프는《침묵이라는 무기》에서 말 많이 하는 사람의 심리를 다음과 같이 정리했다.

· 혼자 있는 것을 견디지 못한다. 독립성이 약하다.
· 자신의 약점이 드러나는 것에 민감하게 반응하는 약점이 있다.
· 상식과 전문지식이 부족하다.

혼자 있는 것을 견디지 못하는 독립성 약한 사람인데 그렇지 않은 척하려니 말이 많아지는 것이다. 약점이 있으면 있다고 말하면 되는데 그것을 감추려고 말을 장황하게 덮는 것이다. 상식과 지식이 없는데 있는 척하려니 한마디 할 것을 여러 말을 하는 것이다. 다 솔직하면 해결될 일이다. 이래서 리더에게 솔직함이 중요하다.

위너십의 관점에서 보면 솔직함은 개인의 성격이나 기질의 문제가 아니다. 리더가 조직을 운영하는 방식과 연결된 필수적인 태도다. 리더가 자신의 한계를 인정하고 구성원의 의견을 경청하는 솔직한 태도를 유지할 때 조직 내에는 신뢰가 형성된다. 이런 신뢰가 형성된 조직에서는 문제와 정보가 숨겨지지 않고 공유된다. 또한 구성원들은 실패를 두려워하기보다 해결책을 찾는 데 집중하게 된다. 따라서 리더의 솔직함은 조직의 건강한 문화와 지속적인 성과를 만들어 내는 중요한 기반이라고 할 수 있다.

» 위임하라

리더십, 조직관리를 다루는 많은 연구에서 하나같이 위임의 중요성을 강조한다. 그런데 우리 주변을 보면 진정한 의미의 위임, 즉 가장 뛰어난 인재에게 계서를 뛰어넘는 권한을 부여하는 위임의 사례를 찾아보기 힘들다. 왜일까?

《포브스》지가 기업 임원 300명을 대상으로 '리더들이 현장에서 위임을 꺼리는 이유'를 조사했는데, 가장 큰 이유는 '오래 걸린다'였다. 위임은 부하의 팔에 완장을 둘러주고 끝나는 것이 아니다. 위임은 다이아몬드 세공과도 같은 일이다. 광산을 파서 원석을 찾고 이를 빛나는 보석으로 만들어 내야 한다. 즉 성과가 나오기까지 오래 걸린다. 《포브스》지의 설문에 답한 기업 임원의 47퍼센트는 부하가 위임된 권한을 제대로 행사하도록 가르치고 적응시키는 데 3년 이상이 걸린다고 했다. 14퍼센트는 5년 이상이 걸렸다고 대답했다.

리더들이 현장에서 위임을 꺼리는 두 번째 이유는 '예산이 많이 든다'였다. 위임은 매우 비싼 프로그램이다. 위임을 위해 부하를 교육하고 팀을 꾸리고 사무실을 마련하는 모든 준비에 많은 예산이 들어간다. 돈이 들지 않는다면 그것은 위임이 아니라고까지 말할 수 있을 정도다.

세 번째는 '구성원의 저항이 심해서'였다. 위임은 선택과 집중이다. 특정한 누군가를 선택해서 조직의 관심과 자원을 집중한다. 선택되지 않은 구성원으로서는 불만이나 시기가 나올 수밖에 없다. 위임한 일의 목표가 달성되지 않을 경우 구성원은 리더에게 책임을 돌릴 것이다.

이처럼 어려운 도전들에도 불구하고 리더가 위임해야 하는 이유는 위임 없이 규모의 성장이 어렵기 때문이다. 조직이 일정한 규모 이상으로 커지면 리더가 다 돌볼 수 없기 때문이다.

조직의 규모가 커질수록 리더가 직접 판단하고 결정할 수 있는 범위는 급격히 줄어든다. 한 사람이 처리할 수 있는 정보의 양과 의사결정의 속도에는 분명한 한계가 있기 때문이다. 따라서 조직이 성장할수록 리더의 역할은 적절한 사람에게 권한을 나누어주고 그들이 성과를 낼 수 있도록 구조를 만드는 방향으로 이동한다.

군대를 예로 들어보자. 군대에서 직접 지휘의 한계는 400~500

명이라고 본다. 즉 소대장, 중대장, 대대장까지 예하 병사를 직접 지휘할 수 있다고 보는 것이다. 연대장부터는 불가능하며, 가능하다고 해도 효율적이지 않다.

그런데 여기서 '직접 지휘'의 의미를 착각하면 안 된다. 이는 대대장이 500명의 병사를 이끌고 전장에 나가 직접 지시하면서 작전을 펼칠 수 있다는 뜻이 아니다. 대대장이 갖고 있는 지휘관 의도나 작전개념 정도는 장병들도 이해할 수 있다는 뜻이다. 스스로 이해한 작전개념을 바탕으로 각개 병사가 자기 행동의 주도권을 갖고 싸울 수 있는 것이 대대급이라는 의미다. 연대장, 연대부터는 이것이 안 된다. 전선의 장병들은 연대장의 지휘관 의도를 이해하기 매우 어렵고, 이해한다고 해도 행동으로 구현할 수 없다.

그러므로 위너십은 그 원칙 아홉 번째로 '위임하라'고 했다. 군대에서 상급 지휘관은 예하 지휘관에게 자신이 부여받은 임무와 목표 달성 중 일부를 위임한다. 그리고 위임하는 데에 끝나는 것이 아니라 목표를 완수할 때까지 지원한다.

실시간 전투에서 연대장은 대대장에게 위임한 임무와 목표에 간섭하지 않고, 그가 임무와 목표를 완수할 수 있도록 여건을 조성해주고 각종 지원을 아끼지 않는다. 이런 연대장의 역할을 여건 조성 작전, 지속 지원 작전이라고 한다.

앞서 예로 든 대대장의 경우도 가능한 한 위임하는 것이 좋다.

작전의 결정적 단계 정도는 직접 지휘하되 나머지 부분은 중대장에게 위임하는 것이 현실적이고 효율적이다. 현실적으로 대대장은 자신이 받은 임무와 목표를 향해 나가는 시공간 전체에 존재할 수 없다. 또한 수개월에서 수년 동안 지속되는 작전과 전쟁을 대대장이 모두 주도할 수 없다.

또한 최전선의 일은 소대장, 중대장 같은 소부대 지휘자에게 위임하는 것이 효율적이다. 소부대의 전투는 잘 짜인 계획이나 철저한 사전연습 등의 준비보다 순간의 직감, 목숨을 건 모험에 의해 승패가 갈리는 경우가 많기 때문이다. 이것을 가장 잘할 수 있는 것은 역시나 최전선의 소대장, 중대장이다.

한 사람의 리더가 수천, 수만 명을 통솔 가능한 것은 예하 조직을 잘 활용하기 때문이다. 예하 조직을 잘 활용하려면 권한을 위임하여 리더의 통솔 범위를 늘려야 한다.

– 야전교범 《리더십》 중에서

위임의 원칙과
준비

리더가 무언가를 위임한다는 것은 구체적으로 무엇을 어떻게 하는 것일까? 리더십 전문가 마샬 골드스미스는 〈리더십을 공유하여 잠재력을 극대화하라〉라는 글에서 위임의 원칙을 제시했는데, 이를 정리하면 다음과 같다.

첫째, 가장 뛰어난 인재에게 위임하라. 이를테면 의사결정, 예산 운용과 같은 리더의 권한을 위임할 때는 가장 뛰어난 인재에게만 한다. 당연한 이야기이지만, '가장 뛰어난 인재'가 아니라면 그런 권한을 위임해서는 안 된다. 예를 들어 해외 파견 인원 선발 권한을 인사과의 A 대리에게 위임하고자 한다면 그가 인사 업무와 관련해 가장 뛰어난 인재여야 한다. 부장이나 과장 대신 그에게 권한을 줘도 좋을 만큼 독보적인 능력이 있어야 한다.

둘째, 위임의 명확한 한계를 정해주어야 한다. 위임을 받은 사람이 반드시 해야 할 것과 절대로 해서는 안 되는 것을 리더가 직접 명시해야 한다. 경험 미숙으로 일이 틀어지거나 권력의 단맛에 취해 선을 넘지 않게 주의를 기울여야 한다.

셋째, 위임 후에는 간섭하지 말고 지원하라. 일단 위임을 한 후에는 사사건건 개입해서는 안 된다. 관찰하고 추적은 하되 부여한 권한을 침해하지 않는 선에서 물심양면 지원하는 것이 리더의 역할이다.

넷째, 일 잘하는 사람에게는 위임이 아닌 자원을 할당하라. '가장 뛰어난 인재'가 아닌, '일 잘하는' 정도라면 위임은 시기상조다. 더 성장할 때까지 자원을 더 할당하는 것으로 충분하다.

위임은 어렵고 힘든 작업이다. 따라서 평소의 준비가 필요하다. 위임은 리더 개인이 아닌 조직 차원에서 진행되어야 하는데, 그러려면 단기적으로 성공하기 어려운 프로그램이라는 것을 알고 중장기계획을 수립해서 접근해야 하며, 프로그램이 지속 가능하도록 필요한 예산을 제도에 반영해야 하며, 좁게는 권한 위임, 넓게는 인재 개발을 위한 별도의 능력개발과 교육 프로그램을 조직 내에 마련해야 한다.

오래전 혁신을 주제로 한 세미나의 테이블 토론에서 한 예비역 장군이 자신의 권한 위임 경험을 이야기했다. 조직관리 현장에서 위임의 도전을 직접 경험한 생동감 있는 내용이라서 여기에 옮겨본다.

조직과 부하에게 권한을 주고 위임해서 성장시키는 건 정말 힘든 일입니다. 한 대대장이 의식이 깨어 있어서 예하 부대에 권한을 위임하고 자율성을 부여해서 훌륭한 부하를 육성시켰다고 칩시다.

내가 장담하건대 그 대대장 좋은 평가 받지 못합니다. 부하는 훌륭해질지 몰라도 그 대대장은 진급이 어려울 겁니다. 우리나라의 조직은 직접 가서 확인하고 확인해야 실수가 없어요. 권한 주고 신뢰 주고 이런 게 말은 좋지만 실상은 다그치고 몰아붙여 다른 생각을 하지 못하게 하고 사고 치지 못하게 만들어 놓아야 아무 일 안 생기고 잘 돌아간단 말이에요. 권한을 주면 딴생각을 한다고 말이죠. 권한이고 위임이고 그냥 시킨 거 하라는 거 그대로 하는 놈이 장땡이라는 사고방식이 아직도 인이 박여 있단 말이죠.

이래서 우리 군대는 안 된다, 권한 위임 같은 거 소용없다는 말이 아닙니다. 그 때문에 이제라도 권한 위임, 자율성 부여에 우리 대한민국 군대가 조직적으로 힘을 써야 한다는 겁니다. 우리 군의 먼 미래를 위해 소명 의식을 가지고 말이죠. 당장 시키는 것 잘하고 사고 나지 않는 평시 군대 말고, 전쟁이 났을 때 누구나 자기 자리에서 싸워 이길 수 있는 부대가 되려면 권한 위임, 이거 당장 해야 합니다.

» 확인하고 감독하라

현장에서 오감으로
체크해야

　야전교범 《리더십》이 강조하는 원칙의 마지막은 '확인하고 감독하라'다. 특히 현장에서 오감으로 체크하라고 구체적으로 조언하고 있다. 이는 계급과 직책이 높아져도 마찬가지다. 휘하 30여 명을 지휘하는 소대장이든 수십만 대군을 책임지는 참모총장이든 마찬가지다. 제 발로 현장의 흙을 밟지 않고 전선의 적을 직접 목도하지 않으면 야전 감각, 전투 감각이 떨어져 현실과 유리된 의사결정을 하게 된다.

　제2차 세계대전 당시 전차전의 귀재로 연합군을 연패시켰던 독일군 에르빈 롬멜 장군의 다음 일화는 참고할 만하다.

다. 지금 강을 건너 공격하지 않으면 호기를 놓칠 터여서 그는 야간기습이라도 하려고 했다. 그러자 참모들은 반대하며 도하 장비가 도착할 때까지, 독일 공군의 지원이 올 때까지 기다려야 한다고 주장했다. 강이 얼마나 깊은지 유속은 얼마나 되는지 모르면서 도하작전을 하는 것은 자살행위라고 했다.

참모들이 한창 열띠게 토론하고 있을 때 그가 어디론가 사라졌다가 돌아왔다. 그러고는 "긴말 할 것 없다. 오늘 밤에 강을 건너 공격한다. 예하 부대에 공격 준비 명령을 내려라"라고 말했다.

어리둥절한 참모들이 뭔가 한마디 하려고 입을 떼려는 순간 그가 이어서 말했다.

"내 바지를 보라. 이거 보이는가? 허벅지까지만 젖은 것 보이는가? 내가 직접 가서 건너갔다 왔다. 수심은 얕고, 연합군도 방심하고 있는지 아무도 없었다."

확인과 감독은 '뛰어난 리더'만 하는 것이다. 《하버드 비즈니스 리뷰》가 2018년 7,300명의 관리자와 고용자를 대상으로 '확인 감독과 부하의 성과 간 상관관계'를 조사했는데, 그 결과가 매우 흥미롭다. 리더가 얼마나 자주 확인 감독하느냐, 얼마나 꼼꼼하게 확인 감독하느냐의 여부는 업무 성과에 영향을 미치지 않았다. 어떤 관리자는 자기 시간의 38퍼센트를, 또 어떤 관리자는 6퍼센트를 부하 확인 감독에 쓴다고 했는데 성과에 별 차이가 없었던 것이다.

분석의 기준을 확인 감독에 투자한 시간이 아닌 확인 감독한 사람에게 맞추자 결과는 달라졌다. 능력이 뛰어난 리더가 확인 감독하면 투자한 시간에 상관없이 성과도 늘어났다. 반면에 자질이 부족한 리더의 잦은 확인 감독은 성과를 낮아지게 했다.

우리가 알고 있는 상식과 달리 확인 감독은 통상 득보다 실이 크다. 그럼에도 불구하고 현장에 나가지 않을 수 없다면 세심한 주의를 기울여야 한다. 확인 감독은 말하자면 '이독제독(以毒攻毒)'이다. 쓰기에 따라서 약이 될 수 있지만 잘못 쓰면 독이 된다.

특히 아프지 않은 사람에게는 치명적인 독이 될 수 있다. 일 잘하는 부하는 확인 감독하기보다는 권한을 위임하고 지원을 확대할 일이다.

또한 현장 확인 감독의 효과가 크다고 해서 이를 남발하면 안 된다. 수시로 현장에 나와 확인한다면 윗사람에게 보여주기 위한 전시행정 요소가 많아지고 구성원의 창의성과 일할 의욕이 저하될 것이다. 과유불급이다.

통제와 위임
사이에서

연구자들에 따르면 유능한 리더는 통제형 관리와 위임형 관리를 상황에 맞춰 고루 사용한다. 확인 감독과 권한 위임의 균형을 맞춰 사용하는 것이다.

야전교범《리더십》의 제10원칙 '확인하고 감독하라'는 확인 감독과 권한 위임의 균형을 찾는 데 참고할 만한 고려사항을 다음과 같이 제시한다.

첫째, 지도와 지시를 착각하지 말아야 한다. 간단하게 말하면 지도는 일을 줄여주는 것이고 지시는 일을 하나 더 얹어주는 것이다. 현장에 나가서 지시하려면 차라리 책상에 앉아 있는 것이 낫다.

둘째, 준비 없이 예하 조직을 방문하지 말아야 한다. 시간 계획에 맞춰 나가서, 회의실에서 프레젠테이션을 보고 받고, 그 자리에서 떠오르는 질문을 하는 것은 현장의 시간만 빼앗는 것이다.

예하 부서가 하고 있는 프로젝트가 무엇인지, 현재 어떤 문제가 있는지, 담당자와 실무자는 누구이며 어떤 장단점이 있는지 등을 학습하고 가야 한다.

셋째, 부하들 앞에서 말을 아껴야 한다. 확인 감독은 오감으로 하는 것이다. 오감에 듣기는 있어도 말하기는 없다. 일하는 부하들 모아놓고 일장 연설하는 것은 금물이다. 특히 리더는 자신의 전문 분야가 아닌데 부하를 계도하거나 가르치는 식으로 말하는 것을 삼가야 한다. 컨설팅 전문가 하이메 로카는 이런 리더를 '조직 살인마'라고 지칭하기까지 한다. 해당 업무뿐만 아니라 구성원들이 과업 전반을 대하는 태도, 조직을 바라보는 관점 등에 부정적인 영향을 미치기 때문이다.

자신이 지나친 확인 감독으로 구성원과 조직을 망치는 조직 살인마는 아닌지 체크하고 싶다면 프랑스 경영대학원 인시아드의 교수 장 프랑수아 만조니가 제시한 다음 리스트를 참조하는 것이 좋다.

- 사소하고 작은 정보까지 보고할 것을 요구한다.
- 예하 부서의 과업에 직접 아이디어를 제안한다.
- 현장에 자리 잡고 직접 지시한다.

· 제안, 지시에 대한 후속 조치를 보고하라고 한다.

· 자신의 제안이나 지시를 규정, 방침과 동일하게 여긴다.

만약 이 항목들 중 세 가지 이상에 해당한다면 당신은 조직 살 인마가 맞다.

위너가 되기 위한
시간

» 시간은 저절로 익지 않는다

외국 방송에
소개된 꼰대

'꼰대'가 어느새 우리 사회의 독특하고 대표적인 현상이 되었다. 꼰대는 원래 '늙은이'를 지칭하는 은어였다. 1990년대에는 '선생님'을 낮춰 부르는 학생들의 유행어이기도 했다. 지금은 자기 경험을 일반화하고 타인에게 일방적으로 강요하는 나이 많은 사람을 지칭한다.

영국 BBC 방송은 지난 2019년 '꼰대(kkondae)'를 한국 사회를 잘 보여주는 단어이자 현상으로 소개하면서 이를 '자신이 항상 옳다고 믿는 나이 많은 사람, 타인이 항상 틀렸다고 지적하는 사람'이라고 소개하기도 했다. 이를 요약하면 불통과 무례라고 할 수 있겠다.

지난 몇 해 동안 방송이나 신문은 끝도 없이 꼰대와 꼰대질을 소재로 다루었다. 그러나 정작 왜 그들이 꼰대가 되어 꼰대질하는지 근본적인 고찰은 하지 않았다. 꼰대, 꼰대질이 세대 갈등 원인이 되고 있다는 당연한 문제 제기만 할 뿐 해법을 제시하지는 않았다.

꼰대와 꼰대질의 심리는 인지부조화로 설명할 수 있다. 인지부조화 이론은 1957년 레온 페스팅거의 주창 이래 다양하게 분화하며 주목받았는데, 이론의 핵심 중 하나는 사람은 겉과 속을 맞추려는 성향이 강하며 어떤 사람은 그 정도가 매우 심하다는 것이다.

겉과 속이 맞지 않는 것을 불편하게 느끼는 정도가 심할수록 무엇이 어떻게 되었더라도 빨리 맞추는 것을 선호한다. 겉에 맞춰야 하느냐 속에 맞춰야 하느냐, 겉과 속 중 어느 쪽이 맞느냐를 따지기보다는 어느 쪽을 택해야 겉과 속을 빨리 맞출 수 있느냐를 생각해서 선택한다는 것이다.

1990년대 예비군 훈련장을 떠올려보자. 평소 예의 바르던 평범한 젊은 남성이 군복 입고 예비군 훈련장에만 들어가면 태도가 달라진다. 말이 거칠어지고 아무 곳에 주저앉으며 영내에 침을 뱉는다. 왜 이들이 평소 유지해온 도덕적 기준과 올바른 태도가 이렇듯 달라지는 것일까? 겉과 속을 빨리 맞춰 인지부조화를 해결하려고 하기 때문이다.

전역해서 일상으로 돌아간 그들은 개성과 행동의 자유를 매우 중요한 가치로 여긴다. 그런데 군복을 입고 예비군 훈련장에 들어가면 이것이 모두 보장되지 않는다. 어떤 사람은 그 불편함을 도저히 참을 수 없다. 그러나 불편하다고 해서 군복을 벗고 예비군 훈련장을 벗어날 수 있는가? 그럴 수 없다. 그러니 평소의 자신이라면 하지 않을 언행을 함으로써 인지부조화 상태를 해결하려는 것이다. 그것이 가장 빠른 해법이기 때문이다.

왜 꼰대가 되고
꼰대질하는가

꼰대가 되고 꼰대질하는 심리적 근원도 인지부조화 이론에서 보면 잘 들여다보인다.

여기에 평범한 직장인 A가 있다. 나이를 먹고 보니 여러모로 전 같지 않다. 당장 외모와 체형은 가시적으로 퇴보했다. 센스도 떨어지고 유머의 질도 낮아진 것 같다. 전반적으로 자존감이 떨어지는 것은 당연하다. 그러나 욕망은 그대로다. 나이 든 사람도 젊은 외모와 멋진 체형을 갖고 싶다. 적절한 타이밍에 세련된 농담을 던져 좌중을 휘어잡고 싶다. 하지만 대개의 경우 이것은 매우 어렵다. 전형적인 인지부조화 상태인 것이다.

심리학 범주 내에서 꼰대가 되지 않으려면 크게 세 가지 방법이 있다. 첫째, 자신이 꿈꾸던 이상과 지금의 현실이 다른 것을 받아들이면 된다. 즉 인지부조화를 견디는 것이다. 자신의 늙은 외모에 매력이 없고, 대부분의 경우 오래된 농담이 먹히지 않는 다는 것을 인정하자. 주연과 조연 역할일랑 젊은이들에게 맡기 고 조용히 다음 세대의 엑스트라로 만족하면 된다.

둘째, 그래도 주연으로 살고 싶다면 계획을 세워 준비하고 실 행해서 자신을 바꾸자. 남다른 노력으로 자신을 증명하지 않고 직급과 나이만 내세우는 것이 정통 꼰대다. 그러지 말고 운동을 꾸준히 해서 몸 만들고 시간과 돈을 들여 센스 있게 옷을 입자. 새로운 지식을 얻기 위해 공부하고 새로운 취미에 도전하자. 그 렇게 한다면 젊은이들과 자연스럽게 어우러질 것이다.

셋째, 남들이 하지 말라는 것은 하지 말자. 훈수, 과거담, 회식, 건배 구호 같은 것은 당장 관두자. 배바지, 헛기침, 뒷짐 지기, 팔 자걸음, 혼잣말 같은 것도 하지 말자. 특히 재미있는 농담 같은 것을 보면서 '기회 되면 써먹어야지' 한다면 크게 반성하자.

사람은 누구나 나이를 먹고 다음 세대에 자리를 내어주며 쇠 퇴하고 낡는다. 시간이 지나면 그 어떤 노력을 해도 젊음의 싱그 러움과 거기에서 발산하는 매력을 이길 수 없다. 새로운 시도를 하는 것도 가능하면 젊은이에게 양보하자. 세상을 새로운 방식 으로 바라보고 창의적인 해법을 내놓는 것도 그들 몫이다.

나는 뭔가 다르다는 고집, 적어도 내가 젊은이들에게 지혜를 전할 수 있다고 착각하고 있다면 진짜 대단한 꼰대다.

리더가 리더답지 못하면

누가 독성
리더인가

기업 강연장에서 "올바른 리더란 어떤 요소를 갖춰야 한다고 생각합니까?" 혹은 "조직에 해를 끼치는 리더의 특성은 무엇입니까?" 하고 질문하면 대답하기 어려워하는 구성원이 많다. 합의된 전통, 통일된 지식을 학습하지 않은 최근의 MZ세대는 더욱 그렇다. 얼마 전 모 기업의 신입사원들을 대상으로 교육했을 때 이런 답을 들었다.

"그게 뭔지 알고 제 주변에도 그런 사람들이 있어서 어떤 유형인지 아는데 말로 하긴 어려워요."

이것이 맞는 대답이라고 생각한다. 그래서 방법을 바꿔보았다. 주변에 사람을 힘들게 하고 조직의 목표 달성을 도리어 망치는 것 같은 선임이나 상급자가 있다면 그들이 어떻게 했는지 그대로 묘사하라고 해보았다. 그랬더니 이런 답이 돌아왔다.

"직원들을 희생시켜 자신의 진급을 위해 노력하며 통상 조직
비전, 소비자, 인간적 가치관에 대한 장기적인 고려 없이 행동
한다."

"직원들을 사람으로 보기보다는 사용 후 버릴 수 있는 도구로
여긴다."

"분위기에 해로운 효과를 주는 파괴적 인격과 대인관계 기술
을 가지고 있다."

"주로 자신의 이익에 의해 동기부여가 된다."

"솔선수범, 감화, 설득, 헌신보다 일방적인 지시와 통제, 강요
로 업무를 추진한다."

"'나는 너를 발전시킬 필요가 없다. 네가 떨어져 나갈 때까지
일을 시키다가 다른 사람으로 너를 대체하면 된다'고 말한다."

"사무실, 책상에 둔 책, 가족사진, 개인물품까지 상관하며 치
우라고 요구하고 출신에 따라 부하를 대하는 행동이 다르다."

"권력에 취해 예스맨만 가까이 두고 항상 자신이 옳다는 듯이
행동하면서 다른 의견을 경청하지 않는다."

"팀원을 무능력자로 몰고 매일 비생산적인 회의를 한다. 임무
에 대한 지식 없이 경험과 계급으로 지시한다."

"정보를 통제하고 회의나 토의를 빌미로 사원들을 모아놓고
혼자 30분, 1시간가량 연설한다. 중간 선임에게 일방적으로 지
시한다."

"사소한 일까지 통제하려고 한다. 보고서의 문구, 맞춤법 같은

것까지 개입한다."

"직원을 믿지 않고 하나하나 다 확인한다. 꼼꼼해서 그런 게
아니라 상대방을 무시하고 믿지 않는다는 것을 알 수 있다. 심
지어 한 가지 일을 여러 사람에게 동시에 시키곤 한다. 혹시나
그 일을 하지 못할까 봐 그렇게 한 것이다."

우리는 그를 모르고
있었다

우드로 윌슨은 제1차 세계대전기 미국을 이끌고 전후 민족자결주의를 포함한 원칙 14개 조를 역설한 미국의 제28대 대통령이다. 국제연맹(League of Nations) 창설을 주도하는 등 세계평화를 위해 노력한 인물로 우리에게 알려져 있다.

그러나 인물사를 연구한 이들은 그가 독불장군 격으로 오만하게 행동해서 원칙 14개 조를 무용지물로 만들었다고 진단한다. 또한 그 자신이 나선 국제연맹 창설에 미국이 가입하지 못하는 어처구니없는 사건도 그의 독선 때문이었다. 그렇게 된 원인을 요약하면 이렇다. 그가 영국, 프랑스 등을 무시하면서 타협을 거부하자 영국, 프랑스도 그의 14개 조 적용을 거부했다. 또한 입법을 담당하는 미국 상원의원들과 심각히 대립했기에 상원은 미국의 국제연맹 가입 안건을 통과시키지 않았다. 한 리더의 오만

과 독선이 세계평화에 부정적인 영향을 미치고 국가 위신에 손
상을 가한 셈이다.

그의 성정을 잘 아는 주미 프랑스 대사는 1913년에 그에 대해
이렇게 말했다.

오늘날 연구자들은 그와 같은 리더를 '독성 리더'라고 부른다.
독성 리더는 "이기적 이익을 위해 타인을 속이고 위협하며 행동
을 강제하고 불공평한 신상필벌을 한다." 또한 독성 리더는 "부
하, 조직, 임무 수행에 역효과를 가져오는 자기중심적인 태도, 동
기부여, 행위의 조합"이라고 정의되어 있다.

리더십 연구의 선구자 중 한 명인 랄프 스토그딜은 1974년 한
연구에서 독성 리더의 특성을 다음과 같이 묘사했다.

독성 리더에 대해 엘리트 장교들은 어떻게 생각할까? 미 육군

전쟁대학에서 수학 중인 영관장교들을 대상으로 설문한 결과는
다음과 같았다.

독성 리더는 가시적인 단기 임무 완수에 초점을 맞춘다. 상급
자에게는 인상적이고 명확한 표현을 하며 임무에 대해 열정
적인 반응을 보인다. 그러나 참모나 병력의 사기, 분위기는 안
중에도 없고 전혀 관심도 없다.

더 큰 피해를
당하기 전에

　나는 가끔 선후배들과 조직 내의 독성 리더들에 대해 이야기 나눈다. 그리고 종종 독성 리더라고 소문이 자자하게 퍼진 장본인과 대화를 나눌 때가 있다.

　흥미로운 것은 이들 대다수가 자신이 독성 리더인 줄 모른다는 것이다. 왜 모를까? 2014년, 《하버드 비즈니스》에 실린 정신분석 전문의 만프레드 F.R. 케츠 데브리스의 〈독성 리더 코칭하기〉를 보면 알 수 있다. 이 글에서 그가 묘사한 독성 리더의 인격적 특성을 정리하면 다음과 같다.

· 자기도취자로, 정신병적인 자기도취에 의한 기능 장애로 과도한 권력을 추구한다.
· 조울증 환자로, 리더가 정신병증으로 인해 자신의 감정을

조절할 수 없으면 설사 그것이 심하지 않더라도 자신과 주변에 큰 피해를 줄 수 있다.
- 수동공격성 인격자. '수동공격'이란 쉽게 말하면 '엿 먹이기'다. 부하를 티 나지 않게 간접적으로 괴롭히는 것이 수동공격이다.
- 감정적인 단절 상태로, 이른바 소통에 문제가 있는 부류다.

독성 리더는 자기 자신에게 도취되어 타인과 감정적으로 단절된 사람이기 때문에 소통에 문제가 있다. 따라서 스스로 독성 리더인지 모르고, 누군가가 "당신은 독성 리더입니다"라고 말해주지 않는다.

독성 리더를 조직에 그대로 두면 조직은 물론 구성원 모두에게 큰 피해를 입힌다. 2017년 미 육군 리더십센터는 독성 리더를 연구 분석하는 중요성을 정리해서 제시했는데, 그 내용은 의미심장하다.

- 전장 리더십은 임무와 생사에 직접 관련된 엄중한 것이다. 장교들의 리더십이 오염되지 않도록 하는 것은 육군 차원에서 매우 중요한 정책 목표 중 하나다.
- 독성 리더는 부대원의 의지, 주도권, 잠재력 등을 총체적으로 갉아 먹는다.
- 확고한 가치관과 의지를 가진 사람(이를테면 군인)일수록

독성 리더로부터 부정적인 영향을 받기 쉽다. 따라서 독성 리더는 민간 환경보다 군에서 더 파괴적이다.

독성 리더는 컨테이너 상자 속의 썩은 사과 한 알과 같다. 그 썩은 사과 한 알이 결국 컨테이너 안의 모든 사과를 썩게 할 것이다. 그러므로 훌륭한 리더를 육성하는 것보다 때에 따라서는 독성 리더 하나를 찾아 제거하는 것이 더 중요하다.

당신의 주변에 이런 사람이 있지는 않은지 찾아보라. 그리고 무엇보다 자신이 혹시 조직과 부하를 망치는 독성 리더는 아닌지 먼저 성찰해야 한다.

» 경청은 말보다 강하다

원형탈모증을 부른
상사의 입

금융회사에 다니는 후배가 '말 많은 상사 때문에 괴롭다'고 내게 고충을 토로했다. 괴로운 정도를 넘어 원형탈모증이 생겼다고 했다.

그의 상사는 시도 때도 없이 직원을 불러놓고 수다를 떨기 일쑤인데, 20~30분은 기본이고 신이 나면 1~2시간도 저 혼자만 말을 한다고 했다.

"어떻게 그럴 수 있어? 도대체 무슨 할 말이 그리 많은 거야?"

내가 묻자 후배는 구체적으로 묘사했다.

"일이 많든 적든 말하기에 미친 사람처럼 수다를 떨어요. 정치, 경제, 사회, 문화, 국방을 가리지 않고 무슨 인간 포털사이트처럼 떠들어대는데, 대본 같은 게 있는 건 아닌지 직원들이 의심할 정도라니까요."

내가 "그래도 원형탈모증이 생길 정도는 아닌 것 같다"고 하자 후배는 잠깐 뜸을 들이더니 말했다.

"우리 부서에 '수다조'가 있어요. 그게 뭐냐면, 그 상사의 수다를 들어주는 순서예요. 부서가 정말 바쁜 날도 있잖아요. 그런 날 그 상사가 누군가 붙잡고 수다 떨고 싶어서 입을 뗐는데 '지금 세미나 준비해야 해서 죄송합니다' 이러고 아무도 듣지 않으면 뒤끝이 작렬해요. 필요 없는 데이터를 엑셀로 만들어 오라고 하고 중간 검토 결재 넣은 거 차일피일 서명 미루고……"

커뮤니케이션 전문가 코르넬리아 토프는 《침묵이라는 무기》에서 말 많이 하는 사람의 심리를 다음과 같이 정리했다.

· 혼자 있는 것을 견디지 못한다. 독립성이 약하다. 이런 사람들은 혼자 있으면 불안하고, 같이 있어도 말을 하지 않으면 견디지 못한다.
· 민감하게 반응하는 약점이 있다. 그래서 가장 쉬운 수단인 말로써 자신을 증명하려 한다. 또한 자신의 약점이 드러나기 전에 말을 장황하게 해서 주의를 다른 곳으로 돌리려 한다.
· 상식과 전문지식이 부족하다. 잘 모르니 한마디로 할 것을 여러 말 하고, 전혀 모르는 것도 아는 척하려니 말이 많아질 수밖에 없다.

이와 같은 심리와 행태를 지닌 사람의 특성을 한마디로 표현하면 '낮은 자존감'이다. 앞에 예로 들었던 상사도 마찬가지다. 자존감이 낮으니 상대도 존중하지 않는다. 상대의 인격을 존중하지 않고 그 감정마저 무시하기 때문에 몇십 분이고 혼자 열심히 떠드는 것이다.

이런 사례도 있다. 소문난 수다쟁이 A가 과장으로 부임했다. 그는 오자마자 말잔치를 벌였다. 왕년의 자기자랑, 타 부서 선후배와 동료 비난부터 시작해서 '너희들은 엉터리야' 식의 모욕까지 더해 같은 레퍼토리를 반복했다.

과원들은 늘 30분을 초과하는 그의 수다로 인해 극심한 스트레스를 받았다. 수다 중간에 섞인 모욕에 며칠 동안 잠 못 이루는 이들도 있었다.

그의 수다는 점점 심해졌는데, 그중 과원에 대한 모욕이 도를 넘기 시작했다. 업무 속도, 과거 실수를 들추다가 결국 패션 스타일, 체형까지 언급했다. 이때 참지 못한 과원 두 명이 앞서거니 뒤서거니 조직을 나갔다.

조직 차원에서 구두로 경고했지만 모욕적인 수다의 맛을 본 그의 혀는 더 자극적인 것을 원했다. 어느 날 그는 부하의 진급 누락을 놀림거리로 삼았고, 분노를 참지 못한 부하는 사무실 집기를 집어 던진 후 곧장 사내 고충처리위원회에 그를 신고했다.

수다쟁이 상사와
상대할 때

앞의 사례 말고도 주변에는 수다쟁이 상사 때문에 고민하는 이들이 많다. 화병 난 사람은 부지기수이고 퇴사를 고민하는 이들도 있다. 화병 나거나 퇴사하느니 수다쟁이 상사가 말을 줄이도록 하는 것이 낫지 않을까? 여기에 참고할 만한 행동 요령이 있다.

첫째, 한 템포 쉬고 반응하라. 수다쟁이의 기본 심리는 낮은 자존감이다. 낮은 자존감을 쉽게 채우고 싶어서 말로 자신을 포장하고, 부하가 즉각 반응해주기를 바라는 것이다. 상사가 자기자랑했을 때 곧바로 "어머, 멋지세요"라는 식으로 반응해서는 안 된다. 이는 반려동물에게 간식을 주는 것과 같다. 곧바로 반응하지 않거나 4, 5초 정도 기다린 후에 "네, 그러셨군요" 정도로 응대하라.

둘째, 눈이나 몸짓으로 신호를 보내지 마라. 수다쟁이 상사의 주요 타깃이 된 부하를 보면 끊임없이 눈을 맞추고 고개를 끄덕이며 맞장구친다. 이는 '더 이야기해주세요. 재미있어요'라는 신호다. 신호를 보내지 않기란 쉬운 일은 아니다. 상사가 자기자랑하는데 쳐다보지 않고, "그렇잖아" 하면서 반응을 바랄 때 맞장구치지 않는 것은 어려운 일이다. 그러나 이것을 해내지 못하면 수다의 일방적인 피해자가 된다.

셋째, 직설적으로 나의 상황을 말하라. 상사의 수다를 그만 듣고 싶다면 다음과 같이 말하는 것이 좋다.

"부장님, 이제 저는 업무를 해야 합니다. 하던 일을 마치고 싶습니다."

"과장님, 말씀을 계속 듣다 보니까 조금 힘이 듭니다. 일어나고 싶습니다."

말을 하는 형식은 '현재 나의 상황+나의 심리 상태'다. 주의할 점은 "말씀이 너무 깁니다"라든가 "그 얘기를 하시는 이유가 뭡니까?"처럼 상대를 지적하는 티가 나면 안 된다는 것이다.

혹시 이 수다쟁이가 나는 아닌지 자문해보자. 만약 그렇다면 당장 고쳐야 한다. 코르넬리아 토프가 수다쟁이들에게 했던 제언에 첨언해서 정리하면 다음과 같다.

첫째, 침묵을 연습하라. 우선 독백, 메모, 일기 등을 통해 수다의 통로를 바꿔보자. 그런 후에 익숙해지면 말을 참고 침묵에 익숙해지자. '말을 줄이고 지갑을 열라'는 금언이 괜히 있는 것이 아니다.

둘째, 말이 많은 것을 인정하라. 당신이 말이 많다는 것, 부하들은 그런 당신을 꺼린다는 것을 인정하자. '난 말이 많은 게 아니야', '필요한 말을 하는 거야'라는 생각이 든다면 당신은 전문가의 도움과 치료가 필요한 정신적 문제가 있다.

셋째, 자주 질문하라. 많이 들으려고 노력하라. 조직 내의 수완가, 전문가는 물론이고 실무를 맡은 부하에게 질문하고 그들이 하는 말을 경청하자. 그러는 가운데 말은 줄어들고 지식은 늘어날 것이다.

» 자기 과신의 벽

제1차 세계대전 참전 당시 미국 원정군 총사령관 존 조지프 퍼싱과 그의 참모는 자군의 전투력에 자신감이 넘쳤다. 미군의 뛰어난 사격술과 기동력으로 전세를 뒤집어 독일군을 패퇴시킬 수 있다고 자신했다.

존 퍼싱은 자신의 전투 지휘 체험과 러일전쟁, 발칸전쟁의 간접경험으로부터 얻은 전훈을 종합해서 '야지전(Open Warfare)' 전술을 개발한 참이었다. 이 전술의 핵심은 우수한 무기와 풍부한 탄약, 대량 보급이 가능한 기동장비와 충분한 연료를 적극적으로 활용해서 '많이 쏘고 빨리 쳐들어가는 것'이었다.

자세히 들여다보면 이 전술 개념은 흔한 미국식 물량전이었다. 그는 참호전의 고착을 미국식 야지전 전술로 극복할 수 있다고 주장했다.

미군의 첫 번째 단독작전은 1917년 8월의 생 미히엘 전투였다. 미 제1군은 야지전 전술로 독일군 정면을 돌파하겠다고 정했다. 투입된 병력은 55만 명에 이르렀다.

작전은 성공이었다. 당연한 결과였다. 이미 퇴각을 결정한 독일군 5만 명을 상대로 66만 명 이상(미군 55만 명, 프랑스군 11만 명)이 공격했으니 말이다. 어떻게 보면 이기지 못하는 것이 이상했다.

문제는 이 작전으로 6,500명의 전사상자가 발생했다는 점이다. 이는 독일군 전사상자와 거의 비슷한 숫자였다. 10배가 넘는 전력을 투입했는데 피해가 비슷하다니 당장 무슨 수를 내야만 했다. 그러나 아무도 이를 심각하게 받아들이지 않았다. 작전 성공이 미군 수뇌부의 눈을 가린 것이다.

존 퍼싱은 야지전에 대한 더욱 강한 확신으로 다음 전투를 준비했다. 그리고 1917년 10월 말, 미군은 생 미히엘로부터 북쪽으로 50킬로미터 떨어진 뫼즈-아르곤에 120만 명을 그야말로 때려 넣었다.

그러나 존 퍼싱은 두들겨 맞았다. 그는 미국 역사의 모든 '죽음'과 관련된 기록을 갈아치웠다. 미군 장병 2만 6천 명이 전사하고 9만 6천 명의 부상자가 발생했다.

자그마치 12만 명이었다. 뫼즈-아르곤 전투의 전사상자 규모는 미군이 참전했던 모든 전쟁과 전투를 아득히 뛰어넘었다. 이토록 짧은 시간에 이토록 많이 죽고 다친 작전은 없었다.

비록 10월 말에 연합군이 세당 일대의 요충지를 점령하고 11월 6일 미군이 주변 고지를 점령해서 작전목표는 달성했지만 승리했다고 말하는 사람이 아무도 없었다. 이 전투, 작전은 사실상 실패였다.

리더가 빠지기
쉬운 함정

　미 육군교육사령관 데이비드 퍼킨스는 존 퍼싱의 과신이 뫼즈-아르곤 전투 비극의 근본 원인이라고 했다. 승리에 도취한 리더의 지나친 과신은 자신의 직감에 대한 고집으로 이어졌다. 그리고 이 고집에 대한 반론을 허용하지 않는 오만이 상황을 냉철하게 판단하는 지휘 참모부의 능력을 망가뜨렸다.

　존 퍼싱은 전술 변화를 요구하는 주변의 조언을 듣지 않고 자기 뜻대로 전투를 밀어붙였다. 자신을 높이 평가하는 만큼 남도 그렇게 대했으면 좋았을 텐데 그렇지 못했다. 독일 무기의 파괴력과 정확성, 독일군의 전술과 정신을 평가절하했다. 같은 편인 영국군과 프랑스군의 그것조차 무시하는 수준이었다.

　기본을 지키지 않은 작전도 한몫했다. 미 육군군사연구소는 미 제1군 참모부가 적과 지형을 제대로 분석하지 않고 공격했다고 지적한다. 즉 독일군의 전술, 무기, 독일군이 배치된 지형의 특성을 고려하지 않고 적진의 정면으로 돌격해서 피해가 커졌다는 것이다.

특히 독일군이 배치된 곳은 고지, 언덕, 참호, 도시 건물, 요새화된 진지가 중첩된 방어에 유리하고 공격에 불리한 지형이었다. 이곳을 정면에서 공격했으니 그만큼 피해가 컸다. 게다가 대규모 병력이 한꺼번에 몰려드는 바람에 어떤 곳에서는 부대들이 멈춰서기도 했다고 한다. 부대가 멈춘 곳에는 어김없이 독일군의 기관총이 배치되어 있었다.

실력 부족도 무시할 수 없다. 미 육군교육사령부는 2017년의 한 팸플릿에서 당시 미군이 근대전의 속도, 기동에는 일가견이 있었지만 현대전의 통신과 협조에는 문외한이었다고 평가했다.

여기에는 미 기병대 출신이었던 존 퍼싱의 성정도 영향을 미쳤을 것이다. 압도적인 숫자의 병력이 말을 타고 빠른 속도로 적을 정면을 돌파해서 적을 심리적으로 마비시키고 궤멸시키는 전술, 이것이 바로 기병대의 전술이며 야지전 전술이었다. 이런 전술로 '장애물+참호+기관총'의 삼단 콤비네이션 기술을 가진 독일군을 공격하는 것은 그야말로 호랑이 입 속으로 머리를 집어넣는 것과 다르지 않았다. 데이비드 퍼킨스는 이를 자살행위라고 지적했다.

리더의 자기 과신은
위험하다

　자기 과신은 실제 아는 것보다 더 많이 알고 있다고 착각하거나 자기 견해가 옳다고 과도하게 확신하는 것을 말한다. 조직심리학이나 경영 분야의 연구 결과에 따르면 자기 과신이 강한 리더는 위기 상황에서 잘못된 결정을 내리기 쉽다. 자기 과신이 강한 리더는 구성원을 망가뜨린다. 연구 결과에 따르면 특히 자율성과 독립심이 약해진다.

　자기 과신이 강한 리더, 자율성과 독립심이 약한 구성원이 위기나 돌발 상황을 만나면 어떻게 될까? 뫼즈-아르곤 전투의 미군처럼 되는 것이다. 계산되지 않은 위험한 곡예를 시작한다.

　위기관리 분야의 전문가인 토마스 베리 교수는 경영자의 자기 과신은 기업을 망하게 할 수도 있다고 진단하면서 그 과정을 간단하게 정리했다.

(전형 #1)

자기 과신이 강한 리더 → 자신의 의사 결정력을 과신 → 미래
의 이익에 낙관적 → 위험성 프로젝트에 투자 → 위기 도래

(전형 #2)

자기 과신이 강한 리더 → 자신의 위기 극복력을 과신 → 미래
의 손실을 과소평가 → 변화와 혁신에 둔감 → 위기 도래

토마스 베리 교수의 진단은 미 육군교육사령관 데이비드 퍼킨스의 말과 일맥상통한다.

"제1차 세계대전 당시 미 원정군사령부는 이상스러울 정도의 자신감과 낙관성을 가지고 있었다. 미군이 투입되자마자 전쟁이 끝날 것처럼 말하기도 했다."

그렇다면 리더의 잘못된 자기 과신으로부터 조직과 구성원을 지키려면 어떻게 해야 할까?

첫째, 바른말 하는 사람을 곁에 두어야 한다. 리더 자신이 쓴소리할 사람을 옆에 두면 가장 좋을 것이다. 그렇지 못할 때는 리더가 독단에 빠지지 않도록 간언할 사람을 조직 차원에서 배치해야 한다. 군대의 경우, 능력을 뛰어나지만 자기 과신이 강한 지휘관의 부대에 지휘관의 성향과 반대되는 성향의 부지휘관을 보직시키기도 한다.

둘째, 조직 차원에서 자기 과신이 강한 리더를 제재해야 한다.

그 수단은 문화가 될 수도 있고 규정이 될 수도 있을 것이다. 자기 과신이 강한 리더는 평소에는 큰 문제가 없을 것이다. 어떤 경우에는 단점보다 장점이 많기도 할 것이다. 그러나 위기 상황에서라면 이야기는 다르다. 백척간두 상황에서 미래에 안일한 낙관을 가진 리더, 다가올 위험을 과소평가하는 리더는 조직을 망하게 한다.

》 유능한 리더는 강요하지 않는다

우리 안에는
살인마가 있다

우리 속담 '감 놔라 배 놔라'는 제사하는 남의 집에 가서 "여기에 감을 놓고 저기에 배를 놓아라" 하는 식으로 참견하는 사람을 빗댄 것이다. 감 놔라 배 놔라 하는 사람은 쓸데없이 오지랖 넓은 사람일 수도 잘 알지도 못하면서 참견하는 사람일 수도 있다.

그런데 조직을 들여다보면 남의 부서 일에 이러쿵저러쿵 떠드는 직원이 있는가 하면, 전문지식도 없으면서 직책이 높다고 부하에게 잘못된 지시를 하는 사람도 있다. 모두 감 놔라 배 놔라 하는 사람이다. 조직이 클수록, 사업 영역이 전문적일수록 이런 사람들은 위험하다. 우리는 그들을 '조직 살인마'라고 부른다.

조직 살인마는 실제로 있는 용어이자 개념이다. 미국의 컨설팅 회사 가트너의 인사팀장 하이메 로카는 직책이나 계급이 높다는 이유로 비전문 분야를 지시하는 관리자를 경계해야 한다면서 이런 부류는 자칫 조직 살인마가 될 수 있다고 했다.

그에 따르면 관리자는 충분히 완숙되지 않은 기량을 가지고 전문 기술을 가르치면 안 된다. 또한 이론과 실제를 통해 검증되지 않은 해법을 부하에게 제공해서도 안 된다. 대신 완숙된 기량, 구체적인 해법을 가진 부서와 직원을 연결해주는 데에 시간과 노력을 들이는 것이 바람직하다.

세계 정상급 테니스 선수들은 다양한 코치들의 지도와 도움을 받는다. 수석 코치는 한 명이지만 서브, 백핸드, 로브 등 특정 기술을 지도하는 코치가 별도로 있다. 이에 더해 멘탈 관리, 근력운동, 영양 관리를 담당하는 전문가도 있다.

프로 세계에서는 서브 등 특정 기술의 전문가가 누군지 알고 그를 연결해서 초빙할 수 있는 사람이 우수한 코치다. 멘탈, 영양 등등 컨디션을 세분화하고 최상을 유지할 수 있도록 프로그램을 짜고 관리하는 것이 훌륭한 코치다.

조직이라고 다르지 않다. 조직이 클수록 사업 영역이 전문적일수록 관리자 한 명이 모든 것을 다 하려고 해서는 안 된다. 조직 내의 구성원과 역량을 최대한 활용하고 그들을 필요한 곳에 연결하는 것이 좋은 관리자, 훌륭한 리더다. 이들을 '연결자'라고도 한다.

그렇다면 왜 어떤 관리자들은 연결자가 되기를 한사코 거부할까? 왜 완숙된 기량 없이 기술을 가르치려 들고, 검증되지 않은 해법을 부하에게 제공하려 할까?

첫째, 자신이 조직과 구성원을 통제해야 한다고 생각하기 때문이다. 이들은 통제, 규율과 같은 엄격한 기준을 강조하지 않으면 조직과 구성원이 혼란에 빠질 것이라고 지레 걱정한다. 이들을 '통제형 관리자'라 한다.

둘째, 조직 장악력을 능력과 동일시 하기 때문이다. 이런 관리자들은 구성원들이 최신 기술이 아닌 자신으로부터 전수받은 기술로 일하기를 바란다. 검증된 해법이 아닌 자신이 지시한 해법으로 과업이 진행되기를 바란다. 이런 이들은 강력한 '보스십'을 더 선호한다.

통제형 관리자는 혁신이나 조직 번영을 저해하는 마찰 요소다. 이들은 권력이나 개인 생존에 더 관심이 많다. 이런 통제형 관리자가 적절한 시기에 도태되고 제거되지 않으면 조직은 딱딱하게 굳는다. 혁신과 도전을 통해 번영을 가져와야 할 인재들이 말라죽기 때문이다.

보스십을 선호하는 관리자는 개인의 체면이나 명예를 조직 이익보다 우선시하는 경향이 있다. 구성원 개인의 인격을 무시하는 것도 이들이다. 오늘날의 경영 환경에서 평가했을 때 조직을 한 방에 무너뜨릴 수 있는 위험한 관리자다.

내가 바뀌어야 조직이 바뀐다

조직이 변화와 혁신을 통해 생존하고, 좋은 인재를 육성해서 미래를 대비하고자 한다면 통제형 관리자와 보스십을 선호하는 관리자를 식별하고 적절하게 조치해야 한다. 이 조치의 스펙트럼은 다양한데, 한쪽 끝에는 계도가 있을 것이고 다른 한쪽에는 퇴사 조치가 있을 것이다.

그런데 문제는 내가 지금 '감 놔라 배 놔라' 하는 관리자라면 어떻게 할 것인가다. 혹시 내가 그렇다면, 이에 매우 적절하며 잘 검증된 절차가 있으니 참고하기를 바란다.

먼저, 주변에 도움을 청한다. '나는 통제형 관리자인데, 현재 리더십의 한계를 느끼고 있다. 변화하고 싶지만 어렵다. 여러분의 도움이 필요하다'고 주변에 도움을 청한다. 이것이 변화의 첫걸음이며 조직에서 살아남기 위한 중요한 포인트다.

낮은 자세를 취하는 것도 한 방법이다. 연결자 역할을 잘하는 조직 내 리더를 찾아가 배움을 청하거나 신입직원을 만나 그들이 원하는 리더상을 경청한다. 이때 중요한 것은 배우는 자세로 겸손히 경청하는 것이다. 대면하지 않더라도 이메일로 조언을 구할 수 있고, 여의찮다면 리더십 전문가가 주관하는 세미나를 찾아가도 될 것이다.

나비의 일생에서 가장 큰 고비는 고치에서 나와 날개를 펴기 직전이다. 사람도 변화하는 시기를 조심해야 한다. 따라서 자신의 리더십을 변화시키려면 경거망동하지 말고 당분간 눈과 입을 가리는 것이 좋다. 자신의 잣대로 사람을 평가하지 말며 입을 다문 채 경청하라는 뜻이다.

여기서 빠질 수 없는 것이 처절할 정도의 각오와 실천이다. 당신이 만약 조직 살인마라 불러도 좋을 정도로 리더십에 심각한 문제가 있다면 변화하기 위해 처절하게 노력해야 한다. 신입사원이 받는 교육에 참석하거나 말단직원이 하는 일을 직접 해보는 등의 특단의 조치가 필요하다. 도태되기 직전이므로 몸에 붙은 불을 끄기 위해 바닥이라도 뒹굴겠다는 각오와 실천이 필요하다.

참고로, 앞에 제시한 절차들은 행정안전부가 작성한 '빌딩 화재 시 대처 요령'이다. 감 나라 배 나라 혹은 조직 살인마 소리를 들을 정도의 관리자라면 '빌딩에 불이 나서 내가 죽기 직전'이라는 마음가짐이 아니면 변화할 수 없다.

보고 싶은 것만
보고 있는가

인간 사고의 오류 중에 '텍사스 명사수의 오류'가 있다. 텍사스에 사격을 잘 못 하는 카우보이가 있었다. 하루는 그가 헛간 나무 벽에 수십 차례 총을 쏘았다. 그리고 총알 자국이 몰린 곳을 찾아 이를 중심으로 과녁을 하나 그렸다. 그는 사람들을 불러 모아 자신의 거짓 솜씨를 자랑했다.

과녁 안의 결과만 놓고 보면 대단한 명사수였다. 사람들은 감탄하며 그에게 사격법을 물었다. 그는 얄팍한 사격 교범 지식에 거짓말을 조금 섞어 떠들었다. 사람들은 그가 말해준 대로 연습을 시작했다. 그런데 그가 말해준 팁이 의외로 효과가 있었다. 이렇게 그는 사람들에게 명사수로 불리게 되었다. 이것이 텍사스 명사수의 오류다.

데이터가 어느 정도 모이면 우연히 어떤 패턴이 발견될 때가 있다. 어떤 사람은 "우리 지역 사람이 의리 있다"고 하고 또 다른 사람은 "의리 하면 우리야" 한다. 의리가 태어나 자란 곳에 의해 결정되지 않는데 말이다.

첫 번째 문제는 우연히 발견한 패턴이 편견으로 자리 잡는 것이다. 특정 지역 사람이 더 의리 있다고 확신하는 사람은 그 지역 사투리를 쓰는 사람에게 호감을 느낄 것이다. 물론 그 반대의 비호감도 성립한다.

두 번째 문제는 더 심각한데, 이처럼 패턴화된 편견이 일반화되는 것이다. 패턴화된 편견을 가진 사람이 잘하는 말이 "우리는 딱 보면 바로 알지"다. 연구 결과에 따르면 패턴화된 편견이 심할수록 다양성을 인정하지 않고 차이를 수용하지 않는다.

MIT 슬론 경영대학원 교수 리사 버렐은 이처럼 패턴화된 편견이 '잘못된 인재 선발' 원인의 중심에 있다고 했다. 선발 심사위원은 대개 임원 혹은 외부 전문가다. 이들은 자신이 좋은 인재를 알아차릴 수 있다고 생각하지만, 리사 버렐은 그렇지 않다고 잘라 말한다. 사람은 근본적으로 남을 객관적으로 평가하는 데 서툴며, 그래서 현대 조직이 블라인드 채용을 하거나 알고리즘 평가를 한다고 했다.

패턴화된 편견에서
벗어나라

패턴화된 편견이 인재 선발에 미치는 영향에 대한 극단적인 사례가 하나 있다. 한국전 당시 미 제8군사령관으로 지상 작전을 이끈 제임스 밴 플리트 장군은 늦깎이 진급으로 대장까지 올라갔다. 진급이 얼마나 늦었냐 하면, 제2차 세계대전 당시 동기 대부분이 장군으로 진급했을 때도 그는 대령이었다. 1944년, 절친인 드와이트 아이젠하워가 대장이었을 때도 대령이었다. 후배들은 장군 계급장을 달고 하나둘 그를 추월했다.

제2차 세계대전이 발발하자 보병연대장으로 부임한 그는 작전지휘 능력, 부대 운용 수완을 전과로 입증했다. 1944년 6월 노르망디 상륙작전에서는 주공부대를 이끄는 선봉 연대장으로 큰 전공을 세웠다. 그럼에도 불구하고 또다시 진급되지 않았다. 주변인들이 이리저리 수소문했으나 원인을 알 수 없었다. 그렇다고 전쟁 중 어디 가서 진급을 호소하기도 마땅치 않았다.

이에 유럽 지역 연합군최고사령관이던 아이젠하워가 육군참모총장이던 조지 마셜에게 그의 진급 낙선 사유를 넌지시 물었다. 당시 마셜은 사람을 잘 알아보고, 알아본 사람은 끝까지 밀어주기로 유명했다. 그런 마셜이 이렇게 대답했다.

"밴 플리트 말인가? 내가 잘 알아. 그는 완전 술주정뱅이야. 그런 친구를 진급시킬 수는 없지."

결론부터 말하면, 마셜은 착각하고 있었다. 마셜이 1920년대에 보병학교 부학교장으로 근무할 당시 그곳에 '밴 플리트'라는 술주정뱅이가 있기는 했다. 그러나 그 밴 플리트는 유타 해안에서 상륙부대를 이끈 제임스 밴 플리트와 다른 사람이었다. 마셜은 이를 모른 채 1938년 육군참모차장으로, 다음 해에 육군참모총장으로 있으면서 제임스 밴 플리트를 진급 누락시킨 것이었다.

자신의 패턴화된 편견을 뒤늦게 깨달은 마셜은 1944년 9월 1일 부로 밴 플리트를 준장으로, 이어 같은 해 11월에 소장으로 진급시켰다. 그 이후는 우리가 아는 바와 같이 중장, 대장으로 진급해 한국전쟁을 이끌었고, 예편한 후에는 미국 내 친한파의 선봉에 서서 한국 발전에 지대한 공헌을 했다. 마셜의 패턴화된 편견이 아이젠하워에 의해 교정되지 않았더라면 오늘날 한국과 한국군의 운명이 어찌 바뀌었을지 알 수 없는 일이다.

그렇다면 어떻게 해야 패턴화된 편견을 제거하거나 줄일 수 있을까? 이는 조직 차원의 예방과 개인 차원의 노력으로 나누어 볼 수 있다. 조직 차원의 예방 원칙은 구글의 데이터과학 총괄책임자 캐시 코지르코프가 제시한 것으로 다음과 같다.

첫째, 의사결정의 기준을 가시적으로 세워놓고 변경하지 말라. 의사결정 참가자에게 패턴화된 편견이 있더라도 그것이 적용될 수 없도록 미리 준비해놓으라는 것이다.

둘째, 사전 정보를 갖지 않은 의사결정자가 기본에 충실한 안을 선택하도록 틀을 짜라. 의사결정 전에는 패턴화된 편견에 빠지지 않도록 최소한의 정보만 주고, 의사결정 시에는 미리 세운 기준을 충족하는 안을 고르도록 하는 이중 장치를 하는 것이다.

개인 차원의 노력은 교육학에서 강조하는 '반-편견' 활동을 하는 것이다. 반-편견 활동은 예를 들면 인종, 민족, 문화, 역사, 언어적으로 다양한 예술, 공연, 다큐멘터리, 영화 등을 접하는 것이다. 이때 접하기만 하는 것으로는 소용이 없고 보고 들은 후의 느낌, 생각을 주변에 말하고 피드백을 받아야 한다.

아울러 편견에 관한 책을 읽고 공부하는 것이다. 패턴화된 편견은 인간이 생존을 위해 스스로 발전시킨 인지 방식이다. 짧은 시간 안에 불완전한 정보를 가지고 빨리 결론을 내려 남들보다 빨리 행동하기 위한 것이다. 그러나 현대 사회, 조직에서는 패턴화된 편견의 이점보다 폐해가 더 크다. 그러니 지금까지 연구된 편견의 종류와 특성을 공부해 자신을 되돌아보고 잘못된 편견이 있으면 제거하려고 노력해야 한다.

» 호미로 막아도 될 일을

그때 제대로
처리했다면

‘호미로 막을 것을 가래로 막는다’라는 속담이 있다. 필요한 조치를 적기에 하지 않아 일이 커져 쓸데없이 힘을 들인다는 뜻이다. 그런데 요즘은 적기를 놓치면 가래가 아니라 포크레인을 갖다 써도 막지 못하는 일이 많다.

이를테면 A사는 상한 음식을 먹은 소비자 불만에 미온적으로 대응하다가 대대적 불매운동에 직면한다. 해당 소비자는 상한 음식, 먹고 탈 난 자기 모습, 병원 진료 영수증을 찍어 SNS에 올린다. 이쯤에서라도 A사에서 잘 대응한다면 좋았을 텐데 명예훼손 운운하는 문자를 보낸다. 소비자는 그것까지 SNS에 올리고, 관련 게시물은 날개를 달고 퍼지며, 신문과 방송에 보도된다. 일이 이렇게 되자 A사는 홈페이지에 사과문을 올리지만 상황은 호전되지 않는다.

개인 일상에서도 이와 비슷한 일이 일어난다. 김 씨는 수년 전 먼 친척 이 씨에게 천만 원을 빌려 사업하다 망한 후 빚을 갚지 않고 잠적했다. 이리저리 수소문하던 이 씨는 어느 날 김 씨 아들의 가게를 찾아 그곳에 전화했다. '오래전 네 아버지가 빌려 간 돈을 갚지 않고 있으니 행방을 알려 달라'는 것이었다. 아들은 이 일을 아버지 김 씨에게 말했다. 이 시점에서 김 씨는 어떤 조치든 취해야 했다. 그러나 그는 아들에게 "전화 받지 말고, 상대도 하지 마라"고 한 후 무대응으로 일관했다. 결국 참다못한 이 씨가 김 씨 아들 가게로 찾아갔다. 언성이 높아지고 서로 다투면서 경찰을 부르게 되었다. 이후 상황은 엉망진창으로 이어졌다. 관계된 모두가 그 이상 나쁠 수 없는 상황에 처했다.

얼마 전 《하버드 비즈니스 리뷰》에 〈소비자 불만이 번지지 않게 막는 방법〉이라는 글이 실렸다. 핵심은 '기왕 터진 일의 피해를 어떻게 하면 최소화할 수 있을까'다. 실제 사례를 분석해 얻은 전문가의 지혜가 담겨 있어 참고할 만하다. 연구진이 분석 대상으로 삼은 것은 2011년 10월부터 2016년 1월까지 미국 주요 기업 공식 페이스북에 달린 부정적인 댓글 47만여 건이었다. 각각의 상황, 경과, 교훈을 분석한 결과는 다음과 같다.

첫째, 분노, 두려움, 불안, 혐오 등 극한 감정이 담긴 게시물, 댓글을 빨리 식별하라. 전후 사정이야 어쨌든 극한 감정이 담긴 그것은 빠르게 유포된다.

둘째, 작성자가 특정 커뮤니티에서 활발한 활동을 벌이고 있을 경우 특별히 주목하라. 그가 남긴 게시물이나 댓글은 여타의 그것보다 확산 속도가 빠르고 폭발력이 크다.

셋째, 앞 첫째와 둘째 이유에 의해, 특정 커뮤니티에서 활발한 활동을 벌이는 사람이 극한 감정을 담아 작성한 게시물이나 댓글이 있다면 회사의 총력을 다해 대응하라.

일상의 범인들은 이성보다는 감성에 의해 움직이는 경우가 많다. 그런데 사람들은 그렇지 않다고 생각하는 것 같다. 아무리 복잡한 일이라도 머리를 맞대면 이성적으로 논리적으로 도달할 수 있는 합리적 지점 같은 것이 있다고 선험적으로 믿는 것이다.

그러나 그 믿음은 잘못되었다. 인간의 의사결정은 불완전한 정보에 기반하며 리더들조차 비합리적인 결론에 도달할 때가 많다는 것이 심리학, 행정학, 정치학의 공통된 연구 결과다. 마케팅과 협상을 공부한 사람이라면 '이성보다 감성'이라는 캐치프레이즈에 동조할 것이다.

총력을 다해 대응하라

따라서 소비자가 회사에 불만을 제기하거나 개인 간 갈등이 발생했을 때 이를 해결하려면 감정에 주목해야 한다. 합리적 해결, 합의점 도출 같은 논리적 대응은 그다음이다. 그것은 감정에 비하면 쉬운 문제다. 특히 상대가 분노, 두려움, 불안, 혐오 같은 극한 감정을 가졌을 때는 철저하게 상대 입장에서 생각하며 동조하는 것이 중요하다. '혹시 편들었다가 나중에 딴소리하면 어떻게 하지?' 하는 생각으로 논리나 법을 들이대는 순간 상대의 극한 감정이 대번에 폭발해 걷잡을 수 없게 일이 커질 수 있다.

'총력을 다해 대응'한다는 것은 무엇일까? 연구진이 제시한 방안에 보충 설명하면 다음과 같다.

첫째, 신속하게 대응하라. 군대에서 가장 신속한 부대는 '5분

대기조’다. 말 그대로 사태가 발생했을 때 5분 안에 출동하는 부대다. 이들이 현장에 도착해 제일 먼저 하는 일은 원점 보존, 신고자 접촉이다. 기업도 마찬가지다. 불만 담긴 게시물이나 댓글이 식별되자마자 준비된 팀이 다양한 루트를 통해 작성자와 접촉해야 한다.

둘째, 존중하고 경청하라. 연구진은 “할 수 있는 최악의 선택은 불만을 제기한 고객을 무시하는 것”이라고 했다. 무엇이 어떻게 되었든 왜 불만스러워하는지 먼저 귀를 기울이는 태도만으로도 고객의 마음은 진정될 수 있다.

셋째, 사과하고 대화를 제의하라. ‘사과는 잘못을 인정하는 것’이라며 사과하지 말라던 때도 있었다. 그러나 이제는 아니다. 설사 고객이 사과를 빌미로 기업에 잘못이 있다고 주장하더라도 법이 그렇게 만만하지 않다. 사과를 통해 고객의 입장을 헤아리고 더 제대로 된 사과를 하기 위해 대화를 제의하는 것이 고객 감동의 기본 태도다.

넷째, 보상 문제는 매뉴얼에 따라 책임 있는 관리자가 논의하라. 연구 결과에 따르면 즉각적인 보상 제안은 득보다 실이 많았다. 예를 들면 보상이 빨리 쉽게 된다는 것이 알려지면 이를 기회로 여긴 다른 고객의 모방 행동이 이어진다.

다섯째, 진정성 있는 메시지를 명확히 전달하라. 불만 담긴 게시물이나 댓글을 올린 고객의 불편에 진심으로 공감한다는 메시지가 전해져야 한다. 그리고 ‘그런 불편을 다시는 겪지 않게 행동하겠다', '게시물과 댓글의 내용을 운영에 반영하겠다', '고객의 시간과 노력에 어떤 방식으로든 보상하겠다'는 적극적인 메시지가 전달되어야 한다.

이때 메시지 전달은 최초 접촉한 담당자가 매뉴얼에 의해 초기 대응을 하고 이후 단계적 대응은 해당 분야 전문가, 영역별 담당자, 권한이 있는 관리자가 맡는 것이 바람직하다.

» 소 잃어도 외양간 잘 고쳐라

제 부덕의
소치입니다

과거 드라마를 보면 이런 장면이 제법 등장한다. 어느 날 A사 부하직원의 실수로 상대 협력업체가 큰 경제적 피해를 입었다. 어떻게 할 거냐는 협력업체 임원의 추궁에 A사 사장은 이렇게 대답한다.

"모든 게 다 제 부덕의 소치이지요. 모든 것을 변상하겠습니다. 죄송합니다."

과거 '부덕의 소치' 운운은 광범하게 적용할 수 있는 유용한 표현이었다. 요즘은 어떨까? 현실 세계에서 '모든 게 다 제 부덕의 소치'라고 말하는 리더는 거의 없다. 덕(德)을 리더십의 중요한 요소로 꼽던 시대는 지났고, 부하의 잘못을 무턱대고 내 탓이라고 하는 게 조직에 도움이 되지 않는다는 것도 밝혀졌다. 또한 요즘 세대는 윗사람이 잘못을 덮어준다고 크게 감명받는 환경에서 자라지 않았다. 그러니 '부덕의 소치'라는 아이템은 오늘날 득보다 실이 큰 테크닉인 셈이다.

그러나 과거나 현재나 변하지 않은 것이 하나 있다. 실수해 조직 전체에 피해를 주는 부하, 자기 잘못도 아닌 것에 책임을 져야 하는 상관은 예나 지금이나 존재한다.

실수에서 피해로 이어지는 규모가 커지면 상급자가 "제 부덕의 소치입니다" 하고 사과하는 정도로는 도저히 덮을 수 없는 대형사고가 된다. 다음의 구체적인 사례를 살펴보자.

1990년대 나이키는 동남아시아 공장에서 벌어진 몇몇 사건으로 브랜드 이미지에 큰 타격을 입었다. 노동자들은 열악한 환경에서 일하고 있었고 상당히 많은 숫자의 일터에서 어린이를 노예처럼 부려먹었기 때문이다. 나이키 본사는 '동남아시아 공장에서 개별적으로 일어난 사건이며 본사가 이를 알았다면 좌시하지 않았을 것'이라고 선을 그었지만 이미지는 이미 크게 떨어졌고 회복은 굉장히 더뎠다.

2000년대 초반 모 부대의 연대장은 차곡차곡 쌓아둔 사단장으로부터의 신뢰를 한꺼번에 잃었다. 연대 예하의 대대장이 부하인 작전과장을 오랫동안 집요하게 괴롭힌 사실이 드러났기 때문이다. 대대장은 밖으로 소문이 나가지 못하게 온갖 치졸한 방법을 썼다. 간부 누구도 작전과장과 대화하지 않았는데, 만약 대대장이 그 모습을 보면 일주일 밤을 새워도 해결할 수 없는 일거리를 던질 것이기 때문이었다. 작전과장이 상급 부대에 탄원하고 감찰이 시작되자, 연대장은 대대장이 그런 일을 벌였을 줄 몰랐다며 다시 한번 기회를 달라고 했지만 사단장은 근무평정에서 낮은 점수를 주었다.

이 두 사례와 같은 일이 자신에게 일어났다고 생각해보자. 생각만으로도 머릿속이 하얘질 것이다. '제 부덕의 소치입니다'와 같은 말조차 생각나지 않을 것이다. 그래도 할 수 없다. 감당할 것은 감당하고 겸허히 대응하면서 '소 잃고 외양간 고치기'라도 해야 한다. 그것이 최선책이다. 그런데 외양간을 어떻게 고쳐야 할까? 무엇부터 어떻게 손대는 것이 효율적일까?

외양간 고치기 노하우

전문가들에 의하면 대형사고를 경험한 우수기업들은 큰 틀에서 다음의 세 가지 '소 잃고 외양간 고치기(재발 방지 대책 도입)'를 했다.

첫째, 예하 조직에 근로환경 최소조건을 명시한다. 즉 조건을 명시하고 이와 함께 어겼을 경우 처벌할 수 있는 조항을 마련한다. 안전, 복지, 품질을 망라한 근로환경의 최소조건 등과 관련된 기준은 이미 잘 만들어져서 공개되어 있다. 조금만 찾아보고 노력하면 된다. 예를 들면 인터넷에 키워드만 쳐도 ISO9001(품질경영)처럼 경영 표준 매뉴얼 시리즈를 다운로드할 수 있다.

어떤 조직이든 마찬가지다. 정치, 경제, 사회, 문화를 막론한 분야에서 그 조직이 올바로 목표를 달성하고 성장할 수 있도록 만들어 놓은 표준 매뉴얼들이 있다. 그것을 찾아서 학습하고 조직 운영에 적용하면 된다. 이렇게 하면 부하가 자의적으로 조직과 조직원에 부정적인 영향을 미칠 가능성이 작아진다.

아울러 윤리경영을 강조하고 관련 교육을 강화한다. 예하 조직의 구성원이 규정을 무시하거나 사회 통념상의 윤리를 어기지 못하도록 하려면 반복 교육 외에 별다른 방법이 없다.

"그런 것을 교육할 만한 여건이 안 되는 조직은 어떻게 하느냐?"고 반문할 수도 있겠다. 걱정하지 않아도 된다. 이 사회는 우리가 생각하는 것보다 훨씬 많은 예산을 보수교육에 투자하고 있다. 인터넷에 '품질경영 교육지원', '투명경영 교육지원'을 키워드로 검색하면 무료로 혹은 국비 일부 지원으로 현장에 파견 나오는 여러 프로그램이 뜬다.

그리고 명시 조건을 준수하고 윤리 교육 등을 제대로 하고 있는지 정기적으로 감사한다. '믿되 검증하라'는 만고의 진리다. 우리 사회와 조직 문화는 특히 이 부분에서 약하다. 부하가 제대로 일하고 있는지 확인하고 그 이후에도 지시사항을 이행하는지 감독하는 것을 부정적으로 바라본다. 하나하나 확인하려 하면 일일이 간섭하는 무능력한 관리자, 잘하나 보려고 감독하면 사람 말 믿지 못하는 소인배로 취급하는 경향이 있다. 그렇다면 어떻게 해야 할까?

감사하고 검증하는 일을 전문가에게 맡기면 된다. 우리 사회, 조직은 일인다역을 선호하고 암묵적으로 권장한다. 리더가 관리자, 교육자 등의 역할을 두루 잘해야 한다고 강조한다. 그러나 연구개발, 회계, 통계분석, 감사와 같은 특수 전문 분야는 다르다. 이것은 해당 전공을 공부하고 해당 분야에 다년간 근무한 전문가에게 맡겨야 한다. 손익이나 권력의 영향을 받지 않는 외부의 전문가에게 맡길 수 있다면 금상첨화일 것이다.

그들이 살아남은 이유

네안데르탈이
사라진 자리

현생 인류는 호모 속 중에서도 호모 사피엔스 사피엔스다. 호모 속에는 150만~200만 년 전 남아프리카에 존재했던 호모 하빌리스부터, 35만 년 전 유라시아에서 출현해 마지막까지 현생 인류와 생존 경합을 벌인 호모 네안데르탈렌시스까지 20여 종이 있다.

호모 네안데르탈렌시스와 호모 사피엔스 사피엔스의 만남은 약 5만 년 전 유럽 일대에서 이루어졌다. 네안데르탈이 자리 잡고 있던 이곳에 아프리카 대륙으로부터 탈출한 사피엔스가 들어온 것이다.

이 둘의 만남으로 어떤 일이 벌어졌을까? 잘 알고 있다시피 네안데르탈은 사라지고 사피엔스는 살아남았다. 그렇다면 그 원인은 무엇이었을까?

어떤 학자는 네안데르탈과 사피엔스의 피가 섞이면서 사피엔스가 네안데르탈을 흡수했다고 했으나 사실이 아닌 것으로 밝혀졌다. 또 다른 학자는 사피엔스가 네안데르탈을 인종 청소했을 것이라고 주장했으나 뚜렷한 근거를 찾지 못했다.

네안데르탈의 멸종과 사피엔스의 생존 이유에 대한 논란이 분분했던 이유는 네안데르탈이 사피엔스에 비해 육체적으로 우성이었기 때문이다. 네안데르탈은 사피엔스보다 뇌 용적이 컸다. 그들도 도구를 만들고 불을 사용했다. 육체적으로는 훨씬 더 우수했다. 그들은 매머드 등의 대형 포유류를 집단 사냥할 수도 있었다.

사피엔스 생존의 원동력은 아이러니하게도 사피엔스의 생태적 열성 인자에서 왔다. 즉 약점이 도리어 강점이 된 것이다. 지금까지 밝혀진 연구 결과를 요약해 살펴보자.

첫째, 사피엔스는 몸집이 작고 신진대사량이 낮았다. 그러다 보니 큰 힘을 낼 수 없었다. 그런데 기후 변화가 심해지자 큰 힘보다는 에너지 효율이 중요해졌다. 사피엔스의 작은 몸집, 낮은 신진대사량은 장점이 되었다. 결국 사피엔스는 달라진 환경 변화에 민첩하게 적응했지만, 몸집이 크고 신진대사량이 높았던 네안데르탈은 그렇지 못했다.

둘째, 몸집이 작은 사피엔스는 네안데르탈처럼 대형 포유류를 사냥하지 못했기 때문에 식단을 다변화할 수밖에 없었다. 네안데르탈은 주로 육식을 했지만 사피엔스는 작은 짐승, 곤충, 식물을 먹었다. 이것이 오히려 생존에 큰 도움이 되었다.

셋째, 힘이 약한 사피엔스가 사냥하려면 도구에 의지해야 했다. 힘센 네안데르탈이 장창으로 직접 찌르는 사냥법을 고수할 때 사피엔스는 베고 던지는 등 다양한 사냥 기법을 익혔다. 시간이 지나자 사피엔스 쪽의 사냥 성과가 더 좋았다.

넷째, 사피엔스는 힘을 합할 수 있는 씨족 단위로 생활했다. 몸집이 작고 힘이 약한 사피엔스는 대형 포유류를 사냥하기 위해, 사냥 대신 식물 채집으로 연명하기 위해 집단의 머릿수를 점점 더 늘렸다. 규모가 커질수록 강자가 약자를 보호하고 분업으로 강점을 극대화해 집단 생존력이 높아졌다.

성경에는 '먼저 된 자가 나중 된다'는 말이 있다. 또 우리는 일상에서 흔히 '첫 끗발이 개 끗발'이라고 말한다. 살다 보면 참 맞는 말이라고 느끼게 된다.

초등학교 때부터 우정을 이어온 친구 A와 B가 있다. A는 스포츠맨, B는 약골이었다. 수업이 끝나면 A는 축구공을 들고 뛰어나가 운동장을 종횡무진했다. B는 주로 계단에 앉아 구경하는 쪽이었다. 당연히 반에서는 A 쪽의 인기가 높았다.

30년 지난 지금은 이야기가 다르다. 타고난 체력을 과신하던 A는 건강 관리를 하지 않아 비만에 고혈압을 판정받았고 얼마 전 오토바이 사고까지 겹쳐 힘든 시간을 보내고 있다. 반면에 B는 대학교 때부터 단 수련, 피트니스 등을 꾸준히 하면서 체력을 증진했고 지금도 청년 같은 건강한 몸을 유지하고 있다.

초급장교 시절부터 고민을 나눠온 동료 C와 D가 있다. 사관학교를 나온 C는 학업 성적이 우수하고 운동 신경이 뛰어나 군 생활 시작부터 주변의 신망을 받았다. 단기 장교로 임관한 D는 군대를 평생직장으로 삼으려는 생각이 없었다. 군사학 점수는 바닥권이었고 운동 신경은 처참한 수준이었다.

20년이 지난 지금, C와 D의 처지는 뒤바뀌었다. C는 주변의 시기와 견제로 진급하지 못했다. D는 자신의 부족함을 알고 낮은 자세로 복무했다. D는 '인간미 넘치는 장교'라고 평가받았는데, 어떤 부하는 그를 '부처님 가운데 토막'이라고까지 했다. 현재 진급을 거듭해 임관 동기 중 선두를 달리고 있다.

인간은 누구나 약점을 갖고 있다. 중요한 것은 그런 약점을 잘 인식하고, 약점을 극복하기 위한 노력을 하느냐, 하지 않느냐. 앞에 예를 든 약골 B와 단기 장교 D는 자신의 약점을 잘 알고 대처해 오히려 전화위복했다.

원시적 수준의 지성을 갖고 있던 사피엔스조차 자신의 약점을 보완할 줄 알았다. 식단을 다변화하고 사냥 기법을 개발하는 등의 노력을 했다. 현재 자신의 약점을 개선, 보완하기 위해 노력하지 않는 사람이 있다면 그는 결코 원시적 수준의 사피엔스보다 낫다고 스스로 말할 수 없을 것이다.

» 우선순위가 있는가

인지와 통제를
벗어났을 때

넷플릭스 다큐멘터리 시리즈 중 〈라스트 찬스 대학: 농구편〉이 있다. 이런저런 이유로 대학 1부 리그에 가지 못하고 2년제 지역 대학의 농구부에 가야 했던 선수들의 이야기를 담았다. 전체 8부인 이 작품에 등장하는 이들은 이스트 LA대학 농구팀으로, 천신만고 끝에 지역 챔피언전 출전권을 따내는 것이 주요 내용이다.

그런데 맨 마지막 편이 압권이다. 전혀 예상하지 못한 국가적 비상사태가 벌어져 모든 경기가 취소된다. 선수들은 경기 과정과 결과를 보러 오는 스카우터들을 통해 대학 1부 혹은 프로 리그에 진출하는 것이 목표다. 이런 상황에서 경기가 취소되었으니 목표를 성취할 방도가 없다.

이스트 LA대학 농구팀 코치진은 바닥부터 올라와 경력을 쌓은 인물, 1부 리그의 우승제조기 등을 포함한 베테랑들이지만 이 국가적 비상사태 앞에서는 "어떻게 해야 할지 모르겠어요", "이런 일은 처음이에요"만 반복한다(물론 시간이 흐른 후 베테랑답게 상황을 극복하는 모습도 보여준다). 이것이 불확실성의 시대가 개인과 조직을 압도하는 힘이다. 리그를 제패한 강팀도 그들을 이끌고 관리해 온 리더들도 전례나 전망 없이 넋을 놓고 만다. 세워놓았던 목표와 계획은 백지처럼 쓸모가 없다.

이런 상황에 도움이 되는 도구, 절차로 요즘 주목받는 것이 마이크로 플래닝으로, 미시계획 수립이라고도 한다. 상황이 바뀌는 것을 예측할 수 없다고 해서 계획을 수립하지 않는 것이 아니라 오히려 더 촘촘하게 계획을 수립하자는, 이를테면 관점의 전환이 돋보이는 아이디어다.

베스트셀러 《보다 적게: 시간 관리의 혁명적 접근법》의 저자 케이트 노스럽은 계획이야말로 불확실성 시대에 물리적 성과를 높이고 심리적 불안을 줄일 수 있는 최고의 방법 중 하나라고 강조한다.

그렇다면 계획의 토대가 심하게 흔들리는 상황에서 무엇을 어떻게 해야 할 수 있을까? 케이트 노스럽이 제안한 내용의 핵심은 큰 계획을 하나 세워놓고 목표를 쪼개어 연, 분기, 월, 주, 일 단위로 상황을 점검하면서 중간마다 큰 계획으로 가기 위한 행동과 절차를 바꾸는 것이다. 그런데 자세히 살펴보면 도구, 절차를 구체적으로 제시하고 방법, 기술을 알려주기보다는 계획을 계속 작성하고 고쳐나가는 마음가짐이나 그렇게 하는 것의 장점을 강조하고 있다. "그래서 뭘 어떻게 하라는 건가요?" 하고 물으면 저자는 답하기 곤란할 것이다. 여기에 보다 익숙한 대안이 있다.

작전
단계화하라

마이크로 플래닝과 유사하지만 보다 구체적인 방법론을 제시하는 개념이 군대에 있다. '작전 단계화'다. 작전계획은 통상 임무를 완수할 수 있는 가장 최선의 선택지들이 매끄럽게 연계되는 상황을 상정한다. 상당히 이상적인 가정과 전제다. 그러나 전장은 예측했던 대로 흘러가지 않는다. 군대의 작전 종사자들도 이것을 잘 알고 있다.

예측을 벗어났다고 해서 매번 계획을 다시 세울 수는 없다. 그래서 군대는 임무 완수의 여정을 단계화해서 계획을 수립한다. 여정을 단계화하는 기준은 통상 시간, 활동이다. 예를 들면 A일 오후 5시까지 목표 a를 점령하는 것이 임무라고 할 때, 오전 5시부터 12시까지를 1단계, 오후 1시부터 5시까지를 2단계로 구분 짓고 그 사이에 중간목표 a-1을 정해놓는 식이다.

이렇게 했을 때의 장점은 첫째, 예측하지 못한 상황이 발생했을 때 대응하는 시간 소요가 줄어든다. 단일의 목표를 상정한 계획보다 다수의 목표를 순서대로 추구하는 그것이 덜 복잡하고 더 단순하기 때문에 계획이나 명령을 수정하기 쉽고 이행하기도 쉽다.

둘째, 공간과 사건을 이해하고 통제하기 쉽다. 목표를 하나로 두면 그것을 달성할 때까지 작전 활동에 영향을 미치는 공간이 넓어지고 그 안에서 일어나는 사건이 많아진다. 군대의 지휘관과 참모들이 작전 시 담당하는 지역은 매우 넓다. 때문에 시간이나 활동을 기준으로 계획을 단계화하면 작전을 이해하기도 쉽고 그 안에서 벌어지는 예상한 사건, 예상하지 못한 사건에 대응하기도 용이하다.

셋째, 결정적인 작전에 힘을 집중할 수 있다. 결정적 작전이란 임무를 완수하는 데 가장 중요한 목표, 활동이 연계된 것이다. 그런데 전투를 하다 보면 부지불식간에 처음부터 힘을 빼는 경우가 있다. 그러면 정작 힘을 내야 할 결정적인 작전에 사용할 전투력이 부족하다. 작전을 단계화하면 다음 단계에서 작전을 진행할 전투력을 남겨둬야 한다는 이미지가 명확히 남기 때문에 그와 같은 우를 범하지 않을 수 있다.

이를 정리해서 우리 일상에 적용하면 다음과 같다. 불확실성의 시대에 한 번 세운 목표를 보다 잘 달성하고 계획수립의 장점을 잘 활용하려면 목표를 쪼개 여러 개의 목표를 두고 계획의 범위나 이행에 필요한 활동을 좁히며 시간, 노력, 예산 등을 우선순위에 의해 분배해서 쓸 수 있도록 준비해야 한다.

돌이켜보면 과거에도 위기는 많았다. 그때에도 미래가 불확실하며 복잡한 시대가 왔다고 방송과 언론에서 연일 보도했다. 그보다 이전의 과거에도 마찬가지였을 것이다.

세계가 극적으로 변화하며 위기가 전 지구적으로 일상화되고 있다는 진단에 필자 역시 동의한다. 변화와 위기의 범위가 세계, 전 지구라면 나나 남들이나 환경은 동일하다. 위기에 굴하지 않고 도전하는 이들은 이미 마이크로 플래닝, 작전 단계화 같은 적응력 높은 도구, 절차를 적용해 이전과 다름없이 성과를 얻고 있을 것이다.

» 다음을 어떻게 준비하는가

특단의 조치가
필요한 때

군대에서는 대형 사고, 대량 피해가 많이 발생한다. 주로 무기, 화약, 중장비를 다루기 때문에 전시가 아닌 평시에도 종종 그렇다. 군대는 대형 사고나 대량 피해 발생 시 그 이전 상태로 복귀하기 위한 독특한 절차를 발전시켰는데, 그것이 '전투력 복원'이다. 군사 용어적 정의는 "작전 실시 간 전투력을 조기에 회복하고 작전 지속 능력을 유지하기 위한 조치"이며 그 목적은 "지휘관으로 하여금 주도권을 갖고 효율적으로 전투를 수행할 수 있게 하는 특단의 조치"다.

그렇다면 이 특단의 조치는 어떻게 하는 것일까? 미 육군 야전교범 《전투 피해 평가 및 전투력 복원》에 따르면 우선 다음과 같은 준칙에 의해 상황을 평가하고 긴급한 조치를 해야 한다.

첫째, 지휘관이 신속히 의사를 결정할 것. 전투력 복원은 시간과의 싸움이다. 상황이 무르익지 않거나 최선의 방안이 나오지 않았을지라도 지체하지 않고 신속히 행동하는 것이 나을 수 있다. 결심은 결국 지휘관 몫이다. 전투력 복원은 지휘관 고유 권한이고 책임도 그가 진다. 평소 지휘관의 성찰과 학습, 임무에 대한 연구, 길러온 내면의 깊이와 과단성 등이 이때 모두 드러난다.

둘째, 지휘 통제 체제를 유지할 것. 전투력 복원이 필요할 정도가 되면 정말 부대의 모든 것이 엉망진창이 된다. 가장 우려되는 사태는 전투 이탈이다. 잠깐 한눈을 판 사이에 병사 한 명이 등을 돌려 도망가면 이탈은 걷잡을 수 없는 속도로 늘어난다. 제1차 세계대전 카포레토 전투에서 독일군 롬멜 대위가 이끄는 특공대 100명이 이탈리아군 3천 명을 포로로 잡을 수 있었던 것도 이탈리아군 지휘 통제 체제가 무너져 병사 한 명이 항복하면 다들 우르르 몰려 나갔기 때문이다.

셋째, 일단 접적 단절부터 할 것. 일상의 예를 드는 것이 이해하기 쉬울 것 같다. 술로 일을 그르쳤다면 술도 멀리해야 하고 과음하게 만드는 사람도 피해야 한다. 그렇게 하지 않으면 술이라는 생활의 적을 이길 수 없다. 화를 내어 인간관계를 망쳤다면 스스로 화내지 않으려는 노력도 필요하다. 동시에 관계를 망칠 정도로 화를 내게 만든 요인들로부터도 멀리 떨어져야 한다. 전투력을 복원할 때도 직접적인 적, 위험할 수 있는 시간이나 장소, 적이 노릴 수 있는 중요한 목표 등을 피해야 한다.

넷째, 자원을 적절히 분배할 것. 적절히 분배하라는 것은 있는 대로 다 퍼주지 말라는 의미다. 큰 피해를 입은 부대는 전투력을 복원해줘도 원래대로 쉽게 돌아가지 못한다. 인원, 무기, 장비를 다 채워줘도 부대원들은 이전처럼 손발을 맞추기 어렵다. 또한 죽음과 패배의 정신적 충격은 생각 외로 오래 간다. 그러므로 때로는 피해를 입은 부대에 전투력을 채우는 대신 피해가 없는 부대에 전투력을 더 보태주는 것이 나을 수도 있다.

다섯째, 충분한 교육훈련 후 투입할 것. 전투력을 복원한 부대는 투입한 만큼의 전투력이 발휘되지 않는다. 앞에서도 언급한 것처럼 한동안 손발이 맞지 않고 군기와 사기도 떨어진 상태일 것이다. 이를 회복할 수 있는 것은 교육훈련뿐이다. 1950년 한국전쟁 발발 직후 투입된 미군 부대들이 연전연패한 가장 큰 이유는 교육훈련이 되지 않았기 때문이다. 급한 불을 끄고 1951년부터 투입된 부대는 미국과 일본에서 적게는 6개월, 길게는 1년 이상 교육훈련과 예행연습을 마쳤고 상당히 잘 싸웠다.

전투력을
복원하라

자주 가던 분식집이 문을 닫았다. 분식점 사장은 "매출이 줄어 손해가 누적되는 것을 견디다 못해 폐업하기로 했다"고 말했다. 마이너스 경영을 거듭하던 순간에 상황을 개선하기 위한 특별한 노력을 했는지 그와 대화해보았다.

이와 반대 사례도 있다. 단골 커피숍이 경쟁 커피숍의 등장을 이겨내고 다시 손익분기점을 맞추었다. 주변 매장들이 아우성치는 시기에 어떻게 궤도를 되찾았는지 대화를 나누었다.

이 두 분과 대화한 내용에 전투력 복원의 준칙을 적용해 분석해보면 다음과 같다.

우선, 폐업한 분식집 사장은 접적 단절을 하지 못했다. 마이너스가 석 달쯤 지속되었을 때 그는 상황이 개선되지 않으리라 직감했다. 대책을 세우고 뭔가 조치해야 했는데 자포자기하며 기계적으로 문을 여닫았다고 했다. 장사가 안 되는 상황에서 문을 여는 자체가 마이너스라면 피해야 할 적은 바로 상황 타개책 없이 문을 여는 것이다. 그는 "차라리 일주일, 한 달이라도 문 닫고 메뉴를 개발하거나 리모델링했으면 달라졌을 텐데……" 하고 후회했다.

둘째, 자원을 적절히 분배하지 않았다. 손님이 줄어드는 추세는 확실히 느끼고 있었다. 막연히 메뉴를 늘리면 좀 나아지겠지 하고 새 메뉴를 추가했다. 그러나 그것은 적절한 조치가 아니었다. 메뉴가 늘어나면서 매장 특성이 사라졌다. 막연히 추가한 메뉴 특성상 맛이 뛰어나지도 않았다. 그렇게 하나둘 늘려놓은 메뉴는 한정된 시간과 노력을 분산시키기만 했다.

위기를 극복한 커피숍 사장과 했던 대화를 분석해보면 첫째, 신속하게 의사결정을 잘했다. 한 블록 거리에 커피숍이 오픈하자마자 그는 커피 가격을 낮추었다. 그리고 커피 10잔을 마시면 한 잔을 공짜로 주는 쿠폰제를 시작했다. 이 조치는 주효했다. 점심에 나온 직장인들은 가격이 싼 그의 매장을 선택했다.

둘째, 지휘 통제 체제를 잘 유지했다. 그는 불황이 예상되는 그 순간부터 매장 문을 30분 일찍 열고 30분 늦게 닫았다. 전에는 종종 아슬아슬하게 열거나 늦게 문을 열었고 손님이 뜸해지면 일찍 마감하기도 했다. 아르바이트생에게 매장을 맡기고 외출하거나 휴가를 다녀오기도 했다. 그러나 위기를 체감하자마자 커피숍의 모든 일을 직접 컨트롤했다. 자리를 이탈하거나 외부 약속을 잡지 않고 항상 매장을 지켰다.

그는 덧붙여 이렇게 말했다.

"모닝커피 손님 한두 명 늘어나는 게 별것 아닌 것 같지만 단골이 동료 데리고 오고, 그 동료 중에 마침 한 명이 SNS 인플루언서였지요. 이런 식으로 장사가 어떻게 풀릴지 알 수 없어요. 하지만 일찍 문을 열고 제가 항상 제자리를 지키며 늦게 문 닫으면 풀릴 기회는 언젠가 한 번은 찾아오죠."

셋째, 충분히 교육훈련을 했다. 장사가 안 되자 기계적으로 안 되는 장사를 끌고 간 분식점 사장과 달리 그는 커피 공부에 매진했다. 커피를 갈고 내려 서브하는 행위를 초 단위로 나누어 연습했다. 커피 전문 서적을 읽고, 유명한 바리스타의 우승 메뉴를 따라 해보았다. 세계적으로 유명한 원두를 조금씩 사서 맛보기도 했다. 당연히 커피의 질이 올라갔고 손님 만족도도 높아졌다. 그는 가끔 새롭게 시도한 결과를 손님들에게 권하고 맛을 평가받았다. 이것이 그의 커피숍에 유명세를 더했다. 손님들이 새롭고 신기하다며 올린 SNS를 보고 사람들이 하나둘 찾아오기 시작한 것이다.

중요한 것은
꺾이지 않는 마음

중꺾마와 스톡데일
패러독스

한때 '중꺾마'라는 말이 유행했다. 게임스포츠인 리그 오브 레전드에서 나온 말인데, 유래는 이렇다.

리그 오브 레전드 2022 월드 챔피언십의 1라운드에서 아쉽게 패한 데프트 선수의 인터뷰가 '중요한 것은 꺾이지 않는 마음'이란 제하에 기사화되었다. 그런데 기사가 나가고 난 뒤 데프트가 역전 드라마를 쓰며 우승을 차지했다.

이후 인터뷰 내용이 재조명되면서 기사의 제목을 줄인 '중꺾마(혹은 중꺽마)'는 인터넷 세계에서 유행어로 널리 퍼졌다. 중꺾마는 2022 카타르 월드컵을 통해 더욱 유명해졌는데, 기사회생해 16강에 진출한 대한민국 대표팀이 관중석으로부터 받아든 태극기에 '중요한 것은 꺾이지 않는 마음'이라는 문구가 쓰여 있었기 때문이다. 그런데 데프트의 꺾이지 않는 마음은 어디에서 왔을까?

오랜 시간 동안 고문과 회유를 포함한 심리전의 타깃이 되었음에도 불구하고 마음이 꺾이지 않은 사람이 있다. 미 해군 제독 제임스 스톡데일이다. 그는 베트남전쟁 당시 베트남군에게 잡혀 7년 6개월을 포로로 지냈다.

1965년 9월 9일, 그는 41세의 해군 중령으로 직책은 해군항공 제51전투편대의 편대장이었다. 이날 정찰 임무 수행을 위해 출동했다가 지상에서 격추되었고 하노이에 있는 악명 높은 포로수용소에 갇혔다. 베트남군은 그를 굴복시켜 선전전에 활용하기 위해 온갖 심리적, 육체적 고문을 가했다. 구타는 흔한 일이었다. 그가 갇힌 독방은 말 그대로 한 사람이 간신히 누울 수 있는 열악한 곳이었다. 그는 말 그대로 지옥 같은 나날을 보냈다.

기나긴 포로 생활을 마쳤을 때 그는 미라 같은 몸을 하고 있었으나 정신만은 꺾이지 않은 해군 장교의 모습 자체였다. 그는 여러 인터뷰를 통해 자신이 어떻게 지옥 같은 상황에서도 마음이 꺾이지 않고 살아남을 수 있었는지 털어놓았다. 가장 유명한 인터뷰 내용은 다음과 같다.

그건 매우 간단합니다. 낙관주의죠. 그런데 그냥 무조건 낙관만 하는 것은 소용이 없어요. 예를 들면 이런 겁니다. '크리스마스가 되면 우리는 나가게 될 거야.' 이렇게 말하는 사람이 있어요. 자, 그래서 크리스마스가 옵니다. 그리고 크리스마스는 지나가죠. 그러면 또 이렇게 말합니다. ‘부활절이 되면 우리는 나가게 될 거야.’ 그리고 부활절이 옵니다. 그리고 부활절이 지나가죠. 그러면 그다음은 추수감사절, 또 그다음은 크리스마스가 오고 갑니다. 그러면 어떻게 될까요? 결국에는 신념이 무너져요. 마음이 죽어버려요. 이 부분이 매우 중요합니다. ‘최후의 순간까지 무너지지 않는 신념’과 여러분 앞에 놓인 ‘냉혹한 현실의 사실’들을 섞어 놓으면 안 됩니다. 그게 무엇이든 간에 말이지요.

현실을 냉혹하게
인식하라

그가 강조한 것은 냉혹한 현실 인식이다. 무너지지 않는 신념이 유지되려면 모든 것이 무너질 수도 있다는 인식을 해야 한다니 참으로 아이러니하다. 나중에 인터뷰를 정리해 베스트셀러 《좋은 기업을 넘어 위대한 기업으로》에 포함한 경영학자 짐 콜린스는 이를 '스톡데일 패러독스'라고 썼다.

수년 전 망하지 않고 3년 이상을 버틴 커피숍을 찾아 그 비결을 인터뷰한 적이 있다. 비결은 대동소이했는데, 그중에서도 인상적이었던 내용은 다음과 같다.

망하지 않는 비결은 없다고 말씀드리고 싶어요. 맛있는 커피를 내놓은 비결, 장사 잘되는 비결은 있는데 망하지 않게 할 수는 없어요. 개인이 어떻게 할 수 없는 거대한 사건 같은 게 반드시 닥쳐요. 장기 불황, 원두값 인상, 전염병, 천재지변, 화재 같은 일들이 생기면 방법이 없어요. 방법이 없으니까 버텨야 하는데, 지나갈 때까지 버텨야 하는데 이게 멘탈만으로는 안 돼요. 멘탈로 버티려다가 그 멘탈마저 무너지면 다시 못 일어섭니다. 개인이 어떻게 할 수 없는 거대한 사건이 닥쳤을 때 멘탈로 버티다가 멘탈이 무너지면 다시 재기할 수가 없어요. 어떻게든 버텨서 지나가면 다시 재기할 수 있으니까, 멘탈 말고 다른 걸로 버텨야 합니다. 그래서 저는 망할 수밖에 없는 사건이 항상, 예측할 수 없이, 계속해서 터진다고 가정하고, 그런 사건이 생겨도 몇 달, 몇 년을 버틸 수 있는 자원을 준비합니다. 은행에 적금도 넣고 냉동창고에 재료도 축적합니다.

꺾이지 않는 마음과 위기를 버틸 수 있는 준비, 이 두 가지는 상보적이고 필수적이다. 둘 중 어느 하나도 소홀할 수 없다. 자연재해나 전쟁과 같은 예측 불가능한 사건이 언제 어디서 또 시작될지 모르는 불확실성의 세계에서 스스로 생존해야 하는 우리 모두 그렇게 해야 한다.

» 이미 답을 알고 있다

울보장군
조르주

통행금지령이 내려진 파리의 거리는 적막했다. 어둑어둑해진 창밖 저 먼 곳에서부터 군인들이 행군해 들어오는 것이 보였다. 파리 시민들은 창문 아래 숨어 혹시나 하고 귀를 기울였다. 도심으로 들어온 군인들은 독일 특유의 악센트로 무언가 소리쳤다. 우리는 다음 동이 틀 때까지 밤새 숨을 죽이고 문 쪽을 불안하게 바라보았다.

1940년 6월 14일, 나치 독일군이 파리에 입성했다. 프랑스 정부는 조직적인 저항을 포기하고 그런 사실을 나치에 알렸기에 교전은 일어나지 않았다. 윗글은 이날의 정경을 기록한 어느 파리 시민의 일기다.

프랑스 총리 폴 레노는 이때 자포자기 상태였다고 한다. 한 나라의 수장이 먼저 항전을 포기한 것이다. 위기 상황에서 수뇌부의 자포자기는 치료제 없는 전염병처럼 순식간에 퍼져나간다. 그렇다면 프랑스 군인들은 어땠을까?

프랑스 군인들의 상태도 마찬가지였다. 가장 유명한 것은 울보장군이라는 별명을 얻은 프랑스 총참모부 총부참모장 알퐁스 조르주다. 이 사건은 당시 대위였던 앙드레 보프르가 이후 제2차 세계대전의 주요 사건을 담은 회고록에 밝히면서 세상에 알려졌다.

회고록에 의하면 조르주는 독일군이 프랑스 국경을 넘어 진격을 개시한 지 4일 만인 1940년 5월 14일, 예하 참모와 실무자들이 모두 지켜보는 가운데 "이제 끝이야. 모든 게 끝났다고"라고 외치며 의자에 주저앉아 펑펑 울었다고 한다. 어찌나 울었던지 보프르는 "내 평생 그런 울보는 처음 보았다"고 적고 있다.

스트레스와 그로 인한 불안은 위기 상황에서 리더가 공통적으로 겪는 증세다. 미지의 영역으로 집단을 끌고 나가야 하는 리더에게 불안감은 썩 내키지 않는 동행과 같다. 문제는 불안의 양과 질이 감당할 수 있는 수준을 넘어설 때다. 이를테면 부하의 생명과 국가의 운명이 걸린 전장이 그렇다. 그러므로 조르주가 공개된 장소에서 울음을 터뜨린 것은 전장의 불확실성과 절망적인 상황이 겹친 데에서 온 불안장애 증상이라고 해석할 수 있다.

리더가 아니더라도 우리는 이런 경험을 종종 한다. 멀쩡히 일 잘하고 있는데 갑자기 불안해지는 것 말이다. 이런 경험, 느낌을 심리학에서는 '지적 사고의 그림자'라고 표현한다. 불안의 느낌은 꼭 뭔가 안 좋은 일이 있어서 생기는 것이 아니라 머리를 쓰다 보면 생기는 일종의 부산물 같은 것이라고 이해하면 된다.

그런데 불안이 꼭 나쁜 것만은 아니다. 보스턴대학교 불안장애센터장 데이비드 발로우와 그의 팀은 불안의 긍정적인 효과에 대해 이렇게 설명한다.

> 위기가 닥쳐 불안이 가중되면 뇌의 특정 영역이 활성화된다. 그러면 직감이 예민해지고 창의력이 높아진다. 여기에서 불안이 더 가중되면 어떻게 될까? 실행을 담당하는 영역이 활성화되어 위험에 민첩하게 반응할 수 있다. 즉 위기가 가져온 불안이 그 위기를 극복할 수 있는 추동력이 되어주는 셈이다.

따라서 위기 상황에 처한 리더에게 중요한 것은 주어진 환경과 위협에 대한 대응 자세, 태도다. 앞에 설명한 심리학자들의 연구 결과에 따르면 불안에 휘둘리지 않고 일단 버티기만 해도 기회는 열린다.

그가 무너진
이유

조르주 장군은 제1차 세계대전에서 성공적인 리더십을 보여준 전쟁 영웅이었으며 한때 프랑스군 총참모장으로 거론된 균형 잡힌 인재였다. 그런 그가 위기와 불안의 본질을 몰라서 무너졌을까? 그렇지는 않을 것이다. 그렇다면 그는 왜 정신을 놓아버린 채 부하들 앞에서 주저앉아 통곡했을까? 이것을 알려면 실제 전장에서 무슨 일이 있었는지 들여다봐야 한다.

결론부터 말하면, 6월 14일에 그의 정신이 무너진 것은 그의 육체가 먼저 무너졌기 때문이었다. 그는 제1차 세계대전 당시 수개월간 병상에 누워 있어야 할 정도의 큰 부상을 입었다. 이 부상은 쉽사리 완쾌되지 않고 그를 계속 괴롭혔다. 그래서 회복 이후 그는 활동이 적은 정책 부서 등에 근무했다.

제1차 세계대전 이후 어느 정도 건강해진 그는 군사와 외교 분야에 골고루 능통했기 때문에 1932년부터 전쟁위원회에서 일하면서 고위정치회담에 배석했다. 프랑스군 총참모장 물망에도 올랐다. 그러던 중 1934년 프랑스-유고슬라비아 회담장에서 벌어진 총기 난사 사건에 휘말려 또다시 큰 부상을 입고 병원 신세를 졌다.

1939년 9월 1일 제2차 세계대전이 발발했을 때 그의 몸 상태는 매우 나빴다. 게다가 그때 그의 나이 65세였다. 마지막으로 바란 프랑스군 총참모장의 꿈은 물 건너갔다. 대신 총부참모장으로 임명되었는데 이는 설상가상이었다. 그의 강력한 경쟁자였고, 어떤 면에서 보면 적보다 더 미워했던 모리스 가믈랭이 총참모장이 되었기 때문이다. 어쩌면 이것이 조르주 장군을 가장 괴롭혔을지도 모르겠다. 전쟁이 발발한 조국의 위태함을 뒤로하고 사임할 수도 없는 처지에 가믈랭과 조르주 두 장군은 안건마다 사사건건 격돌했다고 한다.

누구나 위기를 겪는다. 그리고 위기가 닥치면 인물의 진가가 드러난다. 맨땅에 넘어졌을 때 흙이라도 한 줌 쥐고 일어나는 사람이 있는가 하면, 대자로 드러누워 움직이기를 포기하는 사람도 있다. 위기 상황에서 넘어질 때는 넘어지더라도 그다음이 중요하다. 넘어진 채로 낙담만 하지 말고, 그렇다고 성급히 벌떡 일어나지도 말고 잠시 고민하고 둘러보자. 내가 왜, 무엇 때문에 넘어졌는지 살피고 그다음을 준비하자. 그래야 다음 위기를 또 극복할 수 있다.

육체적인 건강도 매우 중요하다. 어떻게 되어 넘어졌더라도 일단 일어서려면 몸이 제 기능을 발휘해야 한다. '어떻게 해야 육체적 건강을 유지할 수 있을까?' 같은 나태한 질문은 하지 말자. 우리는 이미 답을 알고 있다. 의사들이 늘 하는 말 있지 않은가.

"밥 제때 먹고 충분한 수면을 취하세요. 그리고 규칙적으로 운동하세요."

WINNER
LEADER
PRINCIPLE
위너십

위너는 말한다

» 우리에게는 그가 필요하다,
조지 마셜

그는 스테인리스
구슬 같다

　조지 마셜 하면 먼저 떠오르는 것은 마셜 계획, 즉 유럽 부흥 계획이다. 제2차 세계대전 이후 유럽 경제 등을 조기에 부흥시켜 세계 안정을 꾀하고 공산주의의 확산을 방지하기 위한 미국 중심의 지원 프로그램이었다. 1947년 당시 이 계획을 주도한 사람은 미 국무장관 조지 마셜이다.

　그는 역대 세 명의 대통령이 가장 신임한 군인이자 관료였다. 그를 미 육군참모총장으로 인가한 프랭클린 루스벨트 대통령은 "자네가 없으면 난 잠이 안 와"라고 말할 정도였다. 미 육군참모총장으로서 제2차 세계대전을 승리로 이끌었던 그는 전후 해리 트루먼 대통령의 지원사격 하에 국무장관으로 취임해서 전후 서구 진영의 밑그림을 그렸다. 1950년에는 드와이트 아이젠하워 대통령의 부름을 받고 한국전쟁이 한참이던 1950년 9월에 국방

장관이 되어 미국이 소련과 향후 경쟁에서 승리할 수 있는 국방의 틀을 닦았다.

마셜은 군 생활의 대부분을 참모로 보냈다. 연구자들은 그가 초급장교 시절부터 워낙 일을 잘해 상급자들이 놓아주지 않아 야전, 전장에서 진급할 기회를 놓쳤다고 전한다. 상급자들이 그를 최고의 실무자라고 칭송한 이유는 단순하다. 근면, 성실, 정직이었다.

영관 장교로 진급한 그는 자신의 장점이던 정직 때문에 몇 차례 위기에 처한다. 대령이나 장군을 앞에 두고도 생각한 것, 느낀 것을 정직하게 말했기 때문이다. 특히 제1차 세계대전 당시 총사령관이던 존 퍼싱에게 지금 미군이 얼마나 엉망인지 직언했던 일화는 유명하다. 그는 불쾌해서 돌아서는 퍼싱의 팔을 붙잡고 "이야기를 마저 듣고 가십시오. 저는 이런 말을 할 자격이 있습니다"라고 말했다.

그러나 워낙 기초가 튼튼했기 때문에 장군까지 진급하는 데 큰 위기는 없었다. 그를 고깝게 보던 상급자들도 마침내 그의 진심을 알아주고 후원자를 자처했다. 앞서 언급한 퍼싱이 대표적이다.

장군이 된 마셜은 압도적으로 탁월한 업무능력, 강인한 정신력, 남다른 도덕성을 앞세워 날개를 단 듯 승승장구했고 육군참모총장, 국무장관, 국방장관을 연임했다.

이런 그의 인물평 가운데 눈에 띄는 것은 "스테인리스 구슬 같은 사람"이다. 그만큼 단단하고 야무졌다는 뜻이다. 동시에 한 군데 흠조차 없는 사람, 비집고 들어갈 틈이 보이지 않는 사람이라는 뜻도 된다.

이런 비유만으로는 그가 어떤 사람이었는지 잘 가늠되지 않는다. 그의 업무 태도와 일화를 통해 그가 어떤 사람이었으며 어떤 철학을 갖고 있었는지 살펴보자.

그들은 왜
그를 찾을까

마셜의 경력과 업적을 고려할 때, 그가 마른오징어에서 물을 짜내듯 부하의 능력을 뽑아 썼거나 이 일 저 일 가리지 않고 불도저처럼 밀어붙이는 스타일이었다고 짐작하는 이들도 있다. 그러나 이는 사실이 아니다. 그는 업무에 관한 한 정통파였다.

그는 전시나 평시를 막론하고 오전 7시 45분에 출근하고 오후 5시 30분에 퇴근하는 일과를 지켰다. 그렇게 한 이유는 그것이 가장 효율적이라는 것을 알았기 때문이다. 전장에서 무리하거나 규칙을 깨면 장기간 버틸 수 없다는 것을 알았다. 또한 불필요한 보고서, 불합리한 관행, 보여주기식 업무를 없애기 위해 노력했다. 권한을 위임하고 책임은 자신이 지면서 대범하게 일하라고 격려했다. 부하들에게는 '작은 일에 신경 쓰는 사람은 큰일을 할 수 없고, 큰일을 할 수 없는 사람은 전장에서 쓰일 데가 없다'고 강조했다.

아울러 마셜은 전임자들이 이루어 놓은 업적이나 중장기 사업을 가능한 한 바꾸지 않으려고 노력했다. 좋은 업적은 계승하고 기존 사업은 한층 더 발전시켰다. 공을 전임자 혹은 상급자에게 돌리는 것도 잊지 않았다. 그의 전임자들은 돌아다니며 그를 칭찬했다. 군문을 나선 이후 정치, 경제, 사회, 문화의 각 영역으로 진출한 선배들은 그의 멘토를 자임했다. 이것이 그의 평판에 영향을 미쳤고 좋은 평판은 그가 국무장관, 국방장관으로 기용되는 데 큰 역할을 했다.

그는 공사 구분이 확실했다. 연구자들은 마셜에게 '유머와 친근함이 없었다'고 입을 모은다. 그는 누군가를 호명할 때 직책이나 계급, 성명을 불렀다. 친한 사이에 그렇게 하는 것처럼 이름을 부른 적이 없다. 그는 상급자가 자신의 이름을 부르는 것을 싫어했다. 루스벨트 대통령이 이름을 불렀을 때 정색하며 "다음부터는 그렇게 부르지 말아 주시기 바랍니다"라고 요청한 일화는 유명하다.

그는 부하를 이유 없이 비판하지 않았지만 동시에 별다른 칭찬도 하지 않았다. 업무와 관련 없는 말은 일절 하지 않았는데, 대화 도중 정치나 스포츠 등을 소재로 잡담이 시작되면 "그만 일어나보겠습니다" 하고는 자리를 비웠다고 한다.

이런 그를 어려워하는 부하가 많았다고 한다. 부하가 보고 도중에 뜸을 들이거나 말을 더듬으면 곧바로 보고나 대화를 중단하기도 했다. 월터 베델 스미스 장군은 이에 대해 "개인적인 감정이 있는 건 아니었습니다. 효율성이 떨어지니까 그렇게 한 거죠"라고 회고했다.

그렇다고 마셜이 감정 없는 냉혹한은 아니었다. 제2차 세계대전 당시 그는 시간이 날 때마다 파병 나간 군인들의 아내와 아이들을 찾았다. 그리고 웃으면서 격려하고 소소한 대화를 하는 데 많은 시간을 할애했다. 군인의 가족들과는 함께 일하는 사이가 아니었기 때문이다.

그는 조직의 교육자이기도 했다. 그는 정교하고 집요하게 일하는 사람으로 소문났다. 그래서 상급자들은 한번 그를 붙잡으면 놓지를 않았는데, 이 때문에 초급장교 시절 마셜은 필수보직을 고루 이수하지 못해 진급에 어려움을 겪기도 했다.

상급자들이 그를 이렇게까지 좋아했던 이유는 무엇보다 구성원을 가르치고 육성해서 조직 전체가 발전하도록 만들었기 때문이다. 그래서 그가 일하는 부서는 마치 강의실 같았다고 한다. 아울러 그는 끊임없이 학습하는 스타일이었다. 그냥 일 잘하려고 책 읽고 공부하는 수준을 넘어섰다. 그는 한 가지 과업을 맡으면 그와 연관된 법과 제도를 꿰고 관련 정책, 예산까지 꼼꼼히 챙겼다. 그래서 그가 일하고 나간 자리에는 중장기계획, 예산안, 참고자료집, 실무자 매뉴얼이 놓여 있었다고 한다.

한편, 마셜은 권한을 통 크게 위임하는 것으로 유명했다(물론 자신이 지닌 높은 수준의 기준을 통과한 사람에게만 그렇게 했다). 정책이나 전략적 수준의 계획을 작성할 때는 계급 고하에 상관없이 전문가로 인정받은 사람, 최신의 지식을 갖춘 사람을 불러 과정을 주도하게 했다. 작전이나 전투에 관한 의사결정을 할 때는 해당 작전을 아는 사람, 전투를 주도할 사람을 불러 토의를 주도하게 했다.

권한을 위임한 후에는 간섭하지 않았다. 대신 과업이 순조롭게 진행될 수 있도록 인력, 제도, 예산을 지원하는 데에 힘썼다. 특히 정부, 의회, 기관과 협조가 잘되도록 후원했다. 정부 관료와 의회 정치인들은 마셜을 좋아했다. 그가 겸손한 자세로 경청했고 설득과 협력에 진심이었기 때문이다.

이런 그에 대해 육군장관이었던 헨리 스팀슨은 "나는 평생 위대한 군인을 많이 보아왔다. 그런데 마셜은 내가 아는 그 어떤 군인보다 더 뛰어났다"고 평했다.

지금 그 일에
집중하라

　마셜의 일화를 중심으로 그 인물됨을 분석했을 때 도달하는 결론은 이것이다. '그는 임무와 목표에 모든 역량을 집중하는 사람이었다.'

　임무와 목표에만 충실한 업무 스타일 때문에 그는 칼잡이 역할을 도맡았다. 제1차 세계대전 종전 후 군구조 개편 및 통폐합도 그의 작품이었다. 그는 사령부급 이상 부대를 3분의 1 이하로 통폐합하고 육군본부 장교 304명을 필수 인원만 남기고 내보냈다. 장교단의 저항이 매우 컸지만 그는 눈 하나 깜짝하지 않았다.

　그만한 이유가 특이하다. 마셜은 반대와 비판, 모함도 군의 발전에 필요한 요소라고 여겼다. 누가 기분 나쁘게 한다고 해서, 기분 나쁠 만한 일이 벌어졌다고 해서 동요하지 않았다. 부서 이기주의에서 나온 비협조조차 받아들였다. 부서의 이익을 이기적으로 추구하는 것도 결국 미군, 미국의 이익으로 연결된다고 넓게 본 것이다.

그는 목표 앞에서는 무서울 정도로 솔직한 사람이었다. 그가 참모차장으로 막 부임했을 때 일이다. 루스벨트 대통령이 자신이 주도한 국방예산안에 만족감을 표하면서 주변의 의견을 물었다. 모두가 좋다고 할 때, 그는 이렇게 말했다.

"죄송합니다만 대통령님, 저는 그 의견에 전혀 동의할 수가 없습니다."

그는 직설적으로 본론만 말했다. 그렇게 하는 것이 가장 효율적이라고 믿었기 때문이다. 직설이 상대를 종종 기분 나쁘게 하겠지만 임무와 목표에 집중하기 위해서는 어쩔 수 없다고 생각했다. 루스벨트 대통령이 그를 불러 "자네를 참모총장으로 임명하려고 하네"라고 말했을 때 그의 대답은 이것이었다.

"저 때문에 종종 불쾌하실 텐데 괜찮으시겠습니까?"

괜찮다고 하자 다시 물었다.

"불쾌하실 일이 많을 텐데 괜찮으시겠습니까?"

이에 루스벨트 대통령은 이렇게 말했다.

"알고 있네. 괜찮네."

인내와 경청의 힘, 아이젠하워

　드와이트 아이젠하워는 제2차 세계대전 당시 미국 원정사령부를 이끈 총사령관이었다. 1942년 북아프리카 연합군 총사령관, 1943년 유럽 연합군 총사령관으로 임명되었으며 연합국의 해외 원정군을 총지휘하는 연합군 최고사령관 직을 맡아 제2차 세계대전을 승리로 이끌었다.

　전후에는 미 육군참모총장 직을 마지막으로 예편해서 뉴욕의 컬럼비아대학 총장으로 사회생활을 하기도 했다. 1950년 나토군이 창설되었을 때는 초대 나토군 사령관으로 현역 복귀했다.

　미국이 초강대국으로 자리를 굳히는 제2차 세계대전 전후를 살펴보면 그야말로 내로라하는 장군이 많다. 별 다섯 개인 원수에 오른 장군만 해도 우리가 잘 아는 더글러스 맥아더, 조지 마셜, 체스터 니미츠 등을 포함해 9명에 달한다. 아이젠하워도 그

중 한 명이다.

이런 전설적 인물들 틈에서 아이젠하워는 제2차 세계대전의 연합군 총사령관으로 임명되었고, 전후 세계 재건과 냉전 준비로 긴박한 상황에서 미국의 대통령이 되었다.

그는 1915년 임관한 이후 대부분의 시간을 야전에서 보냈다. 그는 주로 불러주는 사람 없는 장교, 갈 곳 찾지 못한 장교들이 머무는 부대에서 일했다. 동기들이 전통 있는 부대 지휘관이나 사령부 핵심 부서의 참모를 맡을 때 그는 후방지원대대장, 교육대장 혹은 정비, 군수 계통의 행정 참모로 발령받았다. 잘나가는 장교는 아니었다.

그러나 나중에는 이것이 전화위복이 되었다. 그가 경력을 쌓은 곳은 주로 타 부대를 지원하는 부대, 작전을 지속할 수 있도록 돕는 부서였다. 그런데 계급과 직책이 높아질수록 점점 중요해지는 것이 바로 예하 부대 지원, 작전 지속에 관련된 역량이다. 동기들보다 진출이 늦던 그가 장군 진급 이후 승승장구한 이유가 여기에 있다.

제2차 세계대전 동안 그를 지켜본 영국의 앨런 브룩 장군은 이렇게 말했다.

사고력, 기획력, 체력, 지도력 등 그 어느 것도 탁월하지 않다.
그러나 여러 문제를 동시에 조율하는 뛰어난 사교가다.

이 평가는 능력은 없는데 중간 역할은 잘한다는 뜻이다. 어떻게 보면 혹평이다. 그런데 당시 연합군의 환경을 살펴보면 평가가 조금 달라진다. 귀족 출신 영국 장군들은 미국을 얕보고 미군의 리드를 따르지 않으려 했다. 샤를 드골을 위시한 자유 프랑스 장군들의 자존심과 안하무인 격 태도는 연합군의 단결을 위협했다. 여타 국가들도 자국 이익을 추구하는 태도로 작전에 지장을 초래했다. 이런 상황에서 총사령관에게 가장 필요한 덕목은 인내, 경청, 기다림, 설득과 같은 것들이었다. 아이젠하워는 이런 덕목을 갖춘 인물이었다.

아이젠하워의 일화 속에 드러나는 여러 장점 중 돋보이는 것은 그의 인내와 경청이다. 다음의 일화들을 살펴보자.

영국의 해럴드 알렉산더 장군은 제2차 세계대전 초기부터 참전한 베테랑이었다. 그는 미군을 얕보았다. 그래서 미군이 독일군과 최초 교전에서 패배하자 이를 비웃으며 언론에 '미군이 무능력하다'고 인터뷰했다. 발언의 수위가 높았는데, 미군은 영국군보다 봉급을 많이 받으면서 값을 하지 못하고 영국 여자들을 밝혀 영국군의 사기를 떨어뜨리니 허세와 자만을 버려야 한다고 말했다. 이는 영국군과 미군의 양자 관계를 넘어 양국 관계, 더 나아가 연합국 전체의 관계를 망칠 수도 있는 내용이었다.

다행히 미국이 사전에 내용을 확인하고 조율해서 인터뷰 내용이 대대적으로 보도되지는 않았다. 그러나 미군의 수장 격인 아이젠하워로서는 도저히 그냥 넘어갈 수 없었다. 아이젠하워는 대화의 자리를 마련했다.

아이젠하워는 일단 알렉산더 장군의 말을 경청했다고 한다. 무엇이 불만이었는지 앞으로 어떻게 했으면 좋겠는지 등을 말이다. 그리고 이렇게 말했다고 전한다.

인터뷰 내용이 대대적으로 보도되는 것은 막았습니다. 이 보도가 나가면 영국군과 미군의 오해와 갈등의 골이 더 깊어질 것 같았습니다. 이는 당신이 바라는 바가 아닐 겁니다. 저는 이 보도가 나가고 우리 연합군의 단결이 약해졌을 때 당신이 곤경에 처하거나 상심할까 봐 걱정되었습니다.

비판하거나 책망할 줄 알았던 알렉산더는 매우 놀랐다고 한다. 이후 알렉산더는 아이젠하워의 든든한 동지이자 열렬한 팬이 되었다.

영국군을 이끄는 버나드 로 몽고메리는 고집불통에 화 잘 내기로 소문났다. 그는 지휘 체계상 자기 상관인 아이젠하워 앞에서도 성질을 숨기지 못했다. 결국 어느 날 아이젠하워의 면전에 서류를 던지는 큰 사고를 쳤다. 상황은 이랬다.

마켓 가든 작전계획을 토의하던 몽고메리는 영국군을 선봉에 세워줄 것, 공중수송 자산과 작전물자 할당 최우선순위를 영국으로 할 것 등 무리한 요구를 했다. 이에 아이젠하워가 즉답하지 않자 몽고메리가 이성을 잃고 만 것이다.

몽고메리의 화가 가라앉을 즈음 아이젠하워는 이렇게 말했다고 전한다.

"허허허. 이것 보세요, 몽고메리 장군. 제가 당신의 선임자라는 것을 잊은 건 아니겠죠? 화가 가라앉았으면 다시 작전계획을 이야기해봅시다."

사령관이든 병사든 상관없이 전장에 있는 사람에게 가장 귀한 것은 무엇일까? 그것은 바로 시간이다. 아이젠하워는 이 귀한 시간을 부하에게 기꺼이 내어준 사람이다.

영국 장군 세 명의 갈등의 골이 깊어져 작전에 차질이 발생한 일이 있었다. 이런 일이 생기면 통상 "지금이 싸울 때인가?" 하고 윽박지르거나 "이건 명령이다!" 하며 화해를 강요하곤 한다. 시간이 없기 때문이다. 그러나 아이젠하워는 장군들을 각각 따로 불러 장장 사흘 동안 경청했다.

전장에서 가장 바쁠 최고사령관이 귀를 기울였는데 감동하지 않을 수 없다. 영국 장군들은 불만을 하소연하고 속마음을 털어놓으면서 화가 풀렸다. 사흘이 지났을 때 그들은 더 이상 반목하지 않았다.

아이젠하워는 계급의 높고 낮음을 막론하고 자신을 필요로 하는 곳에 가서 현장의 목소리를 들었다. 노르망디 상륙작전 전날, 사령부는 출정하는 장병들을 도열시켜 놓고 단상에서 아이젠하워가 연설하는 행사를 준비했다. 그러나 그는 아무 준비도 하지 말라고 했다. 자신이 병사들이 있는 곳으로 가서 대화를 나누고 싶다고 했다. 당시 현장을 다양한 각도에서 찍은 사진들을 보면 그와 병사들이 얼마나 진심으로 교감하는지 느낄 수 있다. 일대일 대면의 힘이란 이토록 강력하다.

미국의 위대함을
세우다

아이젠하워는 성장 과정 대부분을 평범하게 보냈다. 그는 평범한 청년, 평범한 학생, 평범한 장교였다. 어떤 면에서는 평범을 밑돌았다. 고등학교도 1년 늦게 들어갔고 육군사관학교도 3년 늦게 들어갔다. 해군사관학교에 세 번 낙방해서 어쩔 수 없이 한 선택이었다. 육군사관학교에서도 별 두각을 나타내지 못했다. 졸업 성적은 61등이었다.

장교로 임관해서도 사정은 마찬가지였다. 대령이 될 때까지 별다른 주목을 받은 적이 없었다. 주로 후방의 지원부대에서 일했고 그래서 진급도 늦었다. 막차로 소령을 달았고, 소령에서 중령이 되는 데에만 10년이 걸렸다.

그러나 1941년 52세에 뒤늦게 장군으로 승진한 이후부터는 달랐다. 선후배와 동료들을 계속 추월하면서 정상까지 올라갔다.

평범을 밑돌았던 늦깎이 육사 입학생도, 10년 만에 진급한 만년 중령이었던 그가 마침내 제2차 세계대전의 영웅이 된 원동력은 인내와 경청이었다.

수십 년간 인내하고 경청하면서 생긴 그의 지지자들, 그들이 보내는 신뢰와 존경, 전군적으로 퍼진 그에 대한 좋은 평판이 그를 최고사령관으로 이끌었다. 그리고 그를 대통령으로 만들었다. 1952년 미국 대통령선거 역사상 최다 득표로 미국의 제34대 대통령이 되었고, 미국인들이 가장 사랑하는 대통령 중 한 명이 되었다.

> 아이젠하워는 가장 부유한 미국, 잘사는 미국인의 시대를 연 대통령이다. 아이젠하워 집권 8년 동안 미국경제는 전례 없는 호황을 누렸고 GNP는 25퍼센트 증가했으며, 가계 평균수입도 15퍼센트나 높아졌다.
>
> — 로버트 페렐(역사학자)

> 아이젠하워야말로 진정 미국을 위대하게 만든 대통령이다. 고속도로 건설, 일자리 확충, 공공 교육제도 등 굵직한 정책도 그의 작품이었다. 아이젠하워는 소련과 긴 냉전에서 승리할 수 있는 경제력과 군사력의 두 기둥을 세웠다.
>
> — 윌리엄 I. 히치콕(역사학자)

» 지휘 체계는 견고한가,
로버트 맥나마라

혜성같이 등장한
천재

1961년 1월, 로버트 맥나마라가 국방장관이 되었다. 대통령 존 F. 케네디는 그를 국방 개혁의 적임자로 보았다.

맥나마라는 천재였다. 23세에 하버드대에서 MBA를 공부했고 세계적 회계법인 프라이스 워터하우스에서 일했다. 24세에는 하버드 비즈니스 스쿨에서 가장 많은 돈을 받는, 가장 젊은 교수가 되었다.

제2차 세계대전이 발발했을 때 그는 1943년 미 전쟁부 통계국에서 일했다. 그는 미 군수 조달 절차와 공군(당시 육군항공) 전력 운용에 수학, 통계, 분석, 프로그램을 도입해서 전승에 크게 이바지했다.

전쟁이 끝나자 헨리 포드 2세가 맥나마라를 스카우트했다. 그를 포함한 통계국의 소위 '쌩쌩이들(Whiz Kids)'들을 통으로 데

려갔다. 포드는 그들이 미군에 적용했던 계량화, 통계 기법, 체계 분석을 기업에 도입해서 혁신했다.

케네디 대통령이 맥나마라를 고용한 이유는 포드의 경우와 같았다. 과학적 조직관리를 통해 방만한 군대 조직, 국방예산 낭비를 일소하라는 뜻이었다. 맥나마라는 함께 일했던 쌩쌩이들과 랜드연구소의 경제학 전문가를 국방부로 데리고 왔다.

국방부에 들어온 맥나마라 팀은 경악했다. 공업시대의 낡은 사고 틀, 감정에 근거한 대적관, 경험과 계급에 대한 무비판적 복종, 직관에 근거한 비합리적 결정으로 장군들이 핵 단추를 누르려 하고 있었기 때문이다.

맥나마라 팀은 국방부 군인, 군무원들과 격렬하게 싸워가며 기존의 프로그램을 갈아엎기 시작했다. 맥나마라 팀은 국방정책, 군사전략을 하나의 프로그램으로 해석했다. '몬테카를로 방법'(핵실험에 쓰임)이나 '마코프 체인 시뮬레이션'(날씨 예보에 쓰임)과 같은 컴퓨터 기반 도구와 절차를 미군 조직관리에 도입했다.

또한 경제학에서 스핀-오프된 체계 분석, 총평가 등의 방법으로 군대의 모든 요소를 계량화했다. 그 과정에서 미국 역사상 처음으로 국방부에서 말단 부대에 이르는 제대의 편제, 무기, 장비 관련 데이터가 축적되었다. 맥나라마는 이 데이터를 분석, 종합해서 국방 예산관리의 기준을 마련했다.

맥나마라 팀은 약 2년간 방대한 데이터를 모으고 다양한 실험을 했다. 정치, 경제, 사회, 문화 분과의 세계 수준의 전문가들이 들어와서 해법을 제시했다. 오늘날 전 세계 국방 담당자들이 공통으로 사용하는 국방기획관리제도(PPBS), 비용-효과 분석(CEA) 등 수많은 도구와 절차가 이때 탄생했다.

맥나마라 개혁의
성공 비결

1960년대 맥나마라 국방 개혁의 특징을 잘 보여주는 것이 군사 의사결정 모델 개발이다. 우리가 '전술적 결심 수립 절차' 혹은 '부대 지휘 절차'로 알고 있는 시스템이 여기에서 나왔다.

맥나마라 팀은 미군의 당면 과제를 제시한 문건 〈시스템 관점에서의 목표 선정〉(1960)에서 국방부가 '잘못된 문제에 대한 잘못된 질문에 잘못된 기준에 근거한 잘못된 답을 하고 있다'고 진단했다. 그리고 대안으로 '군사 의사결정 모델의 원칙'을 제시했다. 이는 랜드연구소 출신 경제학자 알랭 엔토벤이 정립한 것이다. 그 원칙은 다음과 같다.

첫째, 군사 의사결정은 조직이나 군종 간 타협이 아니라 표현 가능한 국가 이익을 기준으로 이루어져야 한다. 둘째, 소요와 비용은 의사결정의 결과가 아니라 지속 반복되는 과정이다. 셋째,

의사결정의 대안들은 명료하며 달성 가능한 것이어야 한다. 넷째, 참모는 의사 결정자에게 구체적인 데이터, 편견 없는 전망을 제공해야 한다. 다섯째, 중장기계획은 현재의 의사결정 결과들이 미래로 투사된 것이어야 한다. 여섯째, 의사결정 수단, 과정과 결과는 모든 참가자에게 공개되어야 한다.

군사 의사결정 모델의 원칙을 이후 랜드연구소 수학부장 에드워드 퀘이드가 야전의 전술급 부대까지 사용할 수 있도록 만든 것이 전술적 결심 수립 절차, 부대 지휘 절차다. 오늘날에도 우리가 사용하는 상황 분석, 임무 진술, 명시된 과업, 제한사항, 방책 선정 및 비교, 환류 등의 용어, 개념이 이때 만들어졌다.

맥나마라 국방 개혁을 성공적으로 평가한 연구자들은 대개 다음과 같은 성공 요인을 꼽는다.

첫째, 최고의 인재를 가능한 한 고위직에 등용하고 최대한의 권한과 예산을 주었다. 보직된 이들은 주어진 권한과 예산으로 혁신적 제도를 만들고 분야별 전문가를 고용했다.

둘째, 고위 관료가 개념, 모델, 이론을 직접 만들고 보고서, 연구문을 썼다. 맥나마라도 그렇게 했다. '군사 의사결정' 관련 모델과 이론을 개발하고 논문을 쓴 이들은 당시 국방차관이었다.

셋째, 장관과 차관, 부서장이 바뀌어도 개혁이 지속되었다. 장기적인 관점에서 법, 제도, 예산을 한데 묶어 개혁을 진행했기 때문에 후임자 마음대로 쉽게 바꿀 수 없었다.

모든 책임을
내가 지겠다

2009년 7월 6일, 맥나마라가 사망했을 때 《뉴욕타임스》가 뽑아낸 부고 제목은 "헛된 전쟁의 설계자 로버트 맥나마라, 93세를 일기로 죽다"였다. '헛된 전쟁'이란 다름 아닌 베트남전쟁을 일컫는다.

맥나마라는 베트남전 참전에 대한 비판을 모두 수용했고 모든 책임을 자신에게 돌렸다. 참전 배경이나 당시 사정에 변명하지 않았다. 그러나 엄연히 따지면 베트남전 참전과 확전은 두 대통령의 강력한 의지에서 비롯된 것이었다. 맥나마라는 참전 결정에 제동을 거는 입장이었다.

케네디 대통령은 1956년 상원의원 시절부터 베트남에 미군을 파병해야 한다고 주장했다. "베트남은 동남아시아 자유세계의 초석"이라면서 이곳을 포기하면 다른 곳도 차례로 공산화가 될 것이라고 했다. 그의 재임 기간인 1963년에는 군사고문단을 포함한 병력 1만 6천 명이 베트남에 주둔하고 있었다.

케네디 대통령 암살 후 1963년 대통령직을 인수하고 이어 재선에 성공한 린든 존슨 역시 참전 지지파였다. 그는 강력하고 공세적인 군사 개입으로 베트남전을 조기에 종식하고자 했다.

맥나마라는 참전과 확전을 모두 반대했다. 1964년 3월 2일 그는 존슨에게 "지금 우리는 베트남에서 무슨 일이 벌어지고 있는지 모릅니다. 전보로 오는 소식은 베트남 정부군과 우리 군의 사기가 떨어져 있으며 대규모 쿠데타가 진행되고 있다는 것 정도인데 이마저 혼란스럽습니다"라고 보고했다. 한발 물러나 관망하자는 의견이었다.

그는 베트남전에서 승리할 수 있다고 보지도 않았다. 그는 1965년 7월 1일, 존슨에게 보낸 비밀 편지에서 다음과 같이 건의했다.

지금 이기고 있는 것은 공산 베트남입니다. 공산 게릴라가 많아져 전력 비율이 우리에게 불리합니다. 우리가 취할 방책은 세 가지입니다. 첫째, 축차적으로 병력을 철수해서 우리의 손해를 줄여야 합니다. 둘째, 미군 병력 수준은 7만 5천 명으로 유지해야 합니다. 물론 상황은 점점 나빠질 것입니다. 셋째, 실체가 있는 군사적 압박을 확장하면서 동시에 치열한 정치적 노력을 통해 협상이 시작되도록 해야 합니다.

맥나마라가 베트남전 참전, 확전을 반대했다는 증거들은 비밀
이 해제된 미 대통령 기록관, 미 국무부 사료와 녹취록에서 확인
할 수 있다. 그러나 맥나마라는 관련 사실을 발설한 적이 없다.
베트남전 참전, 확전의 책임을 다른 누구에게도 돌리지 않았다.
대신 철저한 자기반성으로 여생을 살았다.

역사학자 마거릿 맥밀런은 맥나마라가 과거의 잘못을 반성하
고 후세에 교훈을 제시하기 위해 삶의 많은 부분을 할애했다고
평가했다. 맥나마라 자신도 회고록에서 이렇게 밝혔다.

나는 이제 경험을 돌이켜보고 내 행동에 대한 결론을 내릴 수
있는 나이가 되었다. 경험을 통해 배워야 한다는 것은 내 삶의
원칙이다. 끊임없이 과거에 어떤 일이 있었는지 이해하기 위
해 노력해야 한다. 그렇게 해야 교훈을 얻을 수 있고, 이를 전
할 수 있다.

» 혁신을 주도하라,
해밀턴 하우스

1962년 9월 15일, 미 육군은 육군항공의 청사진을 담은 이른바 〈하우즈 위원회 보고서〉를 국방부에 제출했다. 보고서를 작성한 하우즈 위원회는 1961년에 구성되었으며, 공식 명칭은 '전술 기동 소요 위원회'였다.

하우즈 위원회의 위원장은 미 육군 초대 항공처장 해밀턴 하우즈였다. 그는 1950년대부터 육군 항공기 설계에 참여했고, 관련 전술 교리를 개발했으며, 항공학교 설립을 주도한 이른바 '헬리콥터 통'이었다.

〈하우즈 위원회 보고서〉에서 눈여겨볼 점은 54세였던 하우즈가 이 보고서의 기획, 작성, 감수, 구성을 직접 했다는 것이다. 총 214쪽의 보고서는 모두 현역 장군, 고위 관료가 직접 집필했다. 육군항공 기체 개관, 부대 구조, 사업 계획, 인력 및 예산 소요, 핵심 고려사항, 기대 효과에 이르기까지 실증적이고 전문적인 지식이 담겨 있다.

이렇게 수준 높고 권위 있는 보고서가 토대가 되었기 때문에 미 육군항공은 규모로나 기간으로나 전례 없는 대규모 사업을 연속적으로 추진할 수 있었다.

원래 미 육군은 예하의 '항공'을 별도로 키운다는 의견에 반대했다. 특히 펜타곤에 있는 육군 정책담당자들은 항공과 관련해서 예산을 추가하거나 변경하려는 움직임이 해군과 공군의 오해를 살까 봐 아예 말도 꺼내지 못하게 하는 구태를 보였다.

변화는 로버트 맥나마라의 국방장관 취임에서 시작되었다. 1961년 초 현안 보고를 받는 자리에서 즉각 항공력을 대규모로 키울 계획을 만들라고 지시했다. 육군이 별 반응을 보이지 않자 맥나마라가 직접 육군참모총장과 육군 장관에게 각각 세부 지침까지 보냈다. 맥나마라가 미 육군 장관에게 보낸 지침 중에는 이런 내용이 적혀 있었다.

육군이 왜 헬리콥터를 늘려야 하는지 기동성 증대, 효율성 제고, 전장 환경 변화의 측면에서 설명한 뒤 각 군의 시각이 아닌 국방 경영, 국가 이익, 세계 안보의 관점에서 효율을 추구하고 기회를 포착하라.

왜 그에게 그 일을
맡겼을까

당시 미 육군은 반지성주의가 만연되었다고 할 정도로 수동적이고 보수적이었다. 조직은 변화를 원하지 않았고, 총대를 메려는 사람도 보이지 않았다. 이런 상황에서 육군은 왜 육군항공 확대 건설 중책을 하우즈에게 맡겼을까?

첫째, 하우즈가 항공과 관련된 선구자적 지식을 갖고 있었기 때문이다. 당시 위원회에서 함께 일했던 로버트 윌리엄스 장군은 다음과 같이 말했다.

고 조종, 사격 능력이 뛰어났다. 뿐만 아니라 헬기를 이용한 화력 지원, 공중 방호, 보급 수송 전술 전반에 대한 깊은 이해가 있었다. 이들 중 상당수는 당시에는 없는 미래적인 개념이 었는데, 그는 그것을 이미 알고 있었다.

둘째, 그는 저술 능력이 뛰어났다. '구슬이 서 말이라도 꿰어야 보배'라는 말이 있다. 전략이나 작전적 수준의 개념이나 용어를 창안할 때는 그 창안자가 직접 글을 써서 이론을 설명하고 논리를 기술해야 한다.

하우즈는 그 이전과 마찬가지로 〈하우즈 위원회 보고서〉의 일부 맡은 영역을 직접 썼다. 또한 최종 보고서 전체를 직접 교정하고 편집했으며 고쳐 썼다.

셋째, 어떻게 하면 반대자의 협조를 얻어낼 수 있는지 간파해서 대화하고 설득하는 능력이 뛰어났다. 로버트 윌리엄스 장군은 이렇게 말했다.

하우즈 장군은 새로 만든 개념을 실현할 수 있는 매우 중요한 능력을 갖추고 있었다. 그건 바로 설득과 협조다. 당시 육군에 있는 수많은 부서와 기능을 하나하나 다 설득해야 인력을 배치하고 예산을 늘리고 이런 것들을 가능하게 할 제도를 바꿀 수 있었다. 하우즈 장군이 아니었더라면 더 많은 시간이 걸렸을 일들이었다.

발전을 넘어
혁신으로

하우즈 위원회는 미 육군에 만연한 반지성주의를 흔들었다. 맥나마라가 '육군은 지금 위험할 정도로 보수적'이라며 우려했을 정도였다. 베트남전쟁기 제1항공여단장이었던 조지 세네프 주니어는 "당시 미 육군 구성원의 사고는 군사 기술의 발전을 전혀 따라가지 못하고 있었다"며 비판했다.

하우즈 위원회의 활동과 결과물은 보수적이고 시대착오적인 육군에 새로운 이정표를 제시했다. 이 이정표는 하우즈를 비롯한 위원회에 소집된 현역 장군들이 솔선수범해서 새운 것이다.

하우즈 위원회의 장군들은 짧은 시간 내에 매우 치열하게 탐구하고 집필했다. 이들은 군사 지식과 참전 경험을 살려 새로운 전술을 창안했다. 전진 교대, 공중 엄호, 공중 강습 등이 그것이다. 오늘날에는 누구나 알고 있는 것이지만 당시로서는 지상의 전술을 공중에 적용한 매우 참신한 것들이었다. 여기에서 끝나지 않고 위원회는 당시 최신의 검증 도구였던 전투 실험, 워게임 절차와 도구를 사용했다. 이는 개념 창안에서 전장 배치까지 걸리는 시간을 최소화하는 매우 유용한 도구였다.

육군이 독자적으로 항공력을 발전시키려 하자 해군과 공군도 가만히 있지 않았다. 미국에서 육해공군은 정해진 파이(예산)를 나누어 갖는 선의의 경쟁자였다. 해군과 공군 역시 저마다의 작전 환경과 위협에 맞는 항공 발전 계획을 수립하고 추진했다.

이 과정에서 미군은 육해공 각 군이 구조적, 전술적으로 크게 도약하는 계기가 되었다. 해군은 헬리콥터 확보 경쟁에서 우위를 차지하기 위해 수색구조 작전 교리를 정립하고 무인 대잠헬기를 개발했다. 공군은 예산을 전투기 쪽으로 끌어오기 위해 근접 항공 지원(CAS) 능력을 연구하고 교리를 발전시켰다. 서로 견주고 협상하는 가운데 합동성을 강화했다.

이 보고서가 뿌린 씨앗은 베트남전에서 열매를 맺었다. 베트남의 정글 환경에서 육군항공은 역량을 증명했다. 1964년 8월 미군이 본격적으로 베트남전에 참전한 이래 전장에서 활약한 미 육군 헬리콥터는 총 1만 2천 대에 이른다. 병력 수송, 군수보급, 화력 지원, 수색 정찰 등 모든 분야에 투입되었다. 전쟁 중 5,600대의 헬리콥터가 격추되었고 4,800명의 조종사와 탑승자가 사망했다. 그래서 베트남전을 '헬리콥터 전쟁'이라고도 부른다.

**》 길을 두려워하지 마라,
헨리 스팀슨**

미국 외교정책의
기틀을 세우다

조직의 운명이 좌지우지될 결정적인 순간에 방송언론이나 학계에 종종 호출되는 인물이 있다. 제2차 세계대전 당시 미 전쟁부 장관이었던 헨리 스팀슨이다.

그는 미국의 주요 정치인과 정부 관료들이 고립주의를 고수하면서 유럽에서 벌어진 전쟁 개입에 부정적인 견해를 고수할 때, "고립주의를 지키는 것이 중요한 것이 아니라 세계 자유와 평화를 위해 미국이 어떤 일을 할 수 있는지 판단하는 것이 우선"이라고 주장했다.

이때 그의 직책은 국무부 장관이었는데, 그는 이번 기회에 미국의 대외문제 개입에 관한 정책 기준을 수립해야겠다고 마음먹고 정치, 경제, 군사별로 관련 원칙을 제시해서 법제화시켰다. 결과적으로 이때 그가 세운 원칙과 기준에 따라 미국은 유럽에

경제 및 군사 물자를 지원했다. 그리고 얼마 지나지 않아 일본이 미국 진주만을 침공하자 미국은 바로 다음 날인 1941년 12월 8일부로 제2차 세계대전에 참전했다.

그가 당시 신성시하던 고립주의의 틀에 반대하고 선택적 개입 원칙을 세우지 않았다면 어땠을까? 그래서 미국이 유럽에 지원하지 않았다면 어떻게 되었을까? 미국은 자신이 피해 당사자가 되자 비로소 제2차 세계대전에 참전했다는 손가락질을 받았을 것이다. 국가의 이기적 이익이 아니라 세계의 자유와 평화를 위해 유럽에 미국 군대를 보냈다고 주장하기 면구했을 것이다.

미국 정부 홈페이지에 들어가면 헨리 스팀슨은 '20세기 이후 미국 외교정책의 기틀을 세운 대표적인 인물'로 소개되어 있다. 20세기 이후 미국 외교의 틀을 세웠다는 평가는 그의 가치와 판단에 따라 미국이 냉전에 대응했다는 뜻이다. 그렇다면 그는 20세기 지구를 대표하는 정책의 입안자라고 평가할 수도 있다.

그는 굵직굵직한 요직에 있으면서 20세기 인류 역사의 대사건을 정면 돌파한 인물이다. 20세기 미국 역사에서 화려한 경력을 가진 아이젠하워 대통령, 마셜 장군도 그에게는 한 수 접어줘야 한다.

법조인에서 세계대전의
적임자로

　그는 원래 법조인이었다. 예일대학교, 하버드대학 로스쿨을 나오자마자 월스트리트 거대 로펌의 변호사로 스카우트되었다. 미국의 최상위 엘리트가 거치는 코스를 무난히 간 것이다.

　사람 보는 안목 좋기로 소문난 시어도어 루스벨트 대통령이 그를 1909년에 뉴욕 남부지검 연방검사로 지명했다. 30대 초반의 젊은 법조인이 미국 정치권의 기린아로 떠올랐다. 제1차 세계대전이 발발했을 때 윌리엄 테프트 대통령은 그를 전쟁부 장관으로 임명했다. 전쟁이 끝나고 세계 대공황이 발생했을 때는 허버트 후버 대통령에 의해 국무부 장관으로, 제2차 세계대전이 발발했을 때는 프랭클린 루스벨트 대통령에 의해 다시 전쟁부 장관에 임명되었다.

　제1차 세계대전기에 전쟁부 장관을 할 때 그의 나이 44세였다.

전임자 디킨슨은 58세에, 후임자 게리슨은 49세에 장관직을 수행했다. 우리가 익히 잘 아는 마셜은 70세에, 맥나마라는 45세에 장관직에 올랐다.

1911년에 장관직을 맡아 임무를 수행하다가 1917년에 미국이 참전했을 즈음 보직 기간이 만료되자 포병장교로 지원해서 프랑스 전역에 참전했다. 1918년에는 대령으로, 1922년에는 준장으로 진급했다. 외교 특사로 활동하다가 필리핀 총독으로 임명되어 복무했으며, 총독으로 재직하는 동안 국제정치와 내정 감각을 익혔다.

1929년, 후버 대통령은 그를 불러들여 국무부 장관으로 임명했다. 이 기간 그의 대표적인 공적이 '스팀슨 독트린'을 주창한 것이다. 스팀슨 독트린의 핵심은 일본 팽창정책 반대였다. 1931년 일본이 만주를 침공하면서 본격적으로 팽창정책을 시작할 때 스팀슨은 무력에 의한 영토 확장 반대, 타국 침공 시 국제연맹 등을 통한 경제 제재, 전쟁의 결과로 탄생하는 신생국 불인정을 선언했다. 이는 1928년에 성립된 '부전조약(켈로그-브리앙 조약)'을 근거로 했다.

그러다가 제2차 세계대전이 발발하자 그는 전쟁부 장관에 임명되었다. 1940년부터 5년 넘게 전쟁부 수장으로서 미국이 참전한 세계대전을 이끌었다. 20세기 이후에 이렇게 오랫동안 장관직을 수행한 인물은 스팀슨 한 명뿐이다.

일본의 아시아 침략에 오래전부터 강경하게 반대했던 그는 결국 일본군이 진주만을 침공하자 즉각 참전 및 역습을 강력히 주장했고, 이는 대통령에 의해 받아들여졌다. 이때 그는 일본이 미국을 공격했다고 해서 일본에만 선전포고하면 안 되고 영국, 프랑스와 동맹의 형태로 적을 상대해야 한다고 강조해서 유럽 개입을 전제로 한 참전을 주장했다.

또한 그는 내부적으로는 '비둘기파'로 불리는 고립주의자들과도 대화와 타협으로 의견을 공유했다. 공화당과 민주당 정부 양쪽에서 모두 그를 장관으로 부를 만큼 균형감각이 뛰어났다. 이런 노력에 힘입어 미국 정치권은 참전 여부, 참전 규모 등을 놓고 한목소리를 낼 수 있었다.

이 시기 돋보인 그의 능력은 균형감각이었다. 세계 곳곳에 파병된 미군의 작전, 전술에 직접 간여하지 않으면서 동시에 그 결과가 최상의 것이 되도록 지원하는 역할에 충실했다. 또한 국내의 정치, 경제, 사회적 요소들과 국방정책, 군사전략이 마찰하거나 충돌하는 지점을 최소화하는 방안을 잘 찾았다.

어쩌면 당시 이런 역할을 할 수 있는 것은 그뿐이었을지도 모른다. 그는 제1차 세계대전 당시 전쟁부 장관을 역임했으면서 실제로 전장에 지휘관으로 나가 싸워보았으며, 법조인으로 법과 제도의 이론적 측면을 알면서 동시에 국무부 장관으로서 정치의 현실적 측면도 체험해보았기 때문이다.

루스벨트 대통령은 후일 "내가 1940년 5월 스팀슨을 전쟁부 장
관으로 발탁한 것은 오직 그만이 전쟁 수행에 필요한 정계, 관계,
과학계, 산업계의 협력을 끌어낼 수 있는 적임자였기 때문"이라
고 회고했다. '미국 최후의 신사'라는 별명도 이때 얻었다.

핵폭탄 투하 결정과
위너십

　스팀슨과 함께 일해본 사람들이 꼽은 그의 장점 중 첫 번째는 경청이다. 위기의 순간일수록, 중책에 보임될수록 어려운 것이 기본이다. 부하들의 보고를 경청하고 전문가의 의견을 수렴하는 가장 단순해 보이는 관리자의 덕목이 제일 실천하기 어렵다. 그러나 스팀슨은 시간을 쪼개어 써가며 경청했다.

　둘째는 최악의 상황을 상정하고 대책을 세운 것이다. 우리는 '최악의 상황을 상정해야 한다'는 말을 많이 듣고 또 하지만 실제로 그렇게 하지 않는다. 최악의 상황에 대비해서 실제로 계획과 준비를 세워놓지도 않는다.

　그러나 그는 이를 철저하게 지켰다. 만약 이 전쟁에서 미국이 승리하지 못한다면, 일본이 끝끝내 항복하지 않는다면, 미국이 감당할 수 없는 형태로 전쟁이 종결된다면 어떻게 할지 고민하고 계획을 세웠으며 그럴 때를 대비한 대책을 실제로 준비했다. 이것이 위기 상황에서 리더가 할 수 있는 최선의 모습이다.

그가 전문가들의 의견을 경청하고 최악의 상황에 대비한 것 중 하나가 '맨해튼 계획'이었다. 맨해튼 프로젝트의 작전 책임자는 미 육군 레슬리 그로브스 장군이지만 전체적인 총괄은 그가 했다.

루스벨트 대통령은 맨해튼 프로젝트에 대해서만큼은 전쟁부 장관의 조언을 철저히 따랐고 전권을 위임했다. 루스벨트 대통령이 전쟁 막바지에 급사해서 1945년 4월 12일 갑자기 대통령이 된 트루먼 대통령은 더 말할 것도 없었다.

루스벨트 대통령이 전쟁 중 급작스럽게 사망했을 때 차기 대통령에게 인계할 사활적 결정 사안의 최상단에 있는 것이 바로 '핵폭탄의 존재와 사용에 대한 설명'이었다. 스팀슨은 1945년 4월 25일 트루먼 대통령을 독대해서 핵폭탄에 대해 보고했다. 그날 그는 이렇게 보고를 시작한다.

앞으로 넉 달 이내로 우리는 인류 역사상 알려진 것 중에 가장 참혹한 무기를 완성할 가능성이 있습니다.

핵폭탄 투하 장소의 결정은 그가 했다. 최종 승인은 물론 트루먼 대통령이지만 장소를 특정한 것은 그였다. 원래 핵폭탄 투하 장소로 고려된 것은 교토였다. 그러나 그는 이를 받아들이지 않았다. 장군들의 반대에도 불구하고 히로시마를 투하 장소로 선택했다. 쉽지 않은 결정이었다.

왜 히로시마에 핵폭탄을 투하했는지에 대해 그는 1947년 《하퍼스 매거진》에 밝힌다. 내용을 정리하면 다음과 같다.

핵폭탄 투하 문제가 실제 방책으로 거의 정해지기 시작한 것은 1945년 7월이었다. 물론 1944년 말부터 일본의 도시들 일부에 핵폭탄을 투하하는 몇 가지 아이디어가 나왔다. 그에 따라 B-29 폭격기 편대가 훈련을 실시했다.

상황은 굉장히 심각했다. 일본이 끝끝내 항복하지 않았고, 미국의 안보가 궁지에 몰렸다고 해도 좋을 만한 상황이었다.

그때 태평양전쟁의 상황을 시뮬레이션해보았다. 시뮬레이션 결과는 충격적이었다. 이대로 전쟁이 지속되면 미군 전투 병력 500만 명을 전장에 투입해야 하고 그렇게 된다면 1946년 봄쯤에 일본 본토에 상륙할 수 있을 것인데 상륙한 병력 중 100만 명 이상이 죽거나 다칠 것이라는 결과가 나왔기 때문이다. 미국은 이것을 감당할 수 없었다.

시간적으로나 경제적으로 미국이 전쟁을 수행할 수 있는 한계점이 다가오고 있었다. 100만 명 이상이 죽거나 다친다면 미국은 돌이킬 수 없는 정치적 비극을 맞이할 것이었다.

그래서 우리는 이런 최악의 상황을 타개할 다른 방법이 없는지, 어떻게 해야 일본이 빨리 항복할지 연구했다. 그리고 어떤 가정과 전제들을 도출했다.

"우리의 결의와 의지가 담긴 피할 수 없고 완벽한 일본 군사력의 파괴, 또한 피할 수 없이 완전한 일본 본토의 황폐화를 추구할 수 있는 미국 군사력의 총체가 투입되어야 한다."

이것은 전통적인 해군력에 의한 봉쇄나 함포사격, 공군에 의한 전략폭격, 상륙작전에 의한 지상군 공격이 아닌 그 무엇, 즉 제3의 수단에 의한 완벽한 파괴를 의미했다.

이런 것을 가능하게 하는 것은 당시로서는 핵폭탄밖에 없었다. 우리는 처음부터 핵폭탄을 쓰려고 했던 것은 아니었다. 미국, 미군이 달성해야 하는 임무와 목표를 위한 가정과 전제 속에서 도출된 거의 유일한 수단이 핵폭탄이었다.

단순하고 명확한
설득력

　스팀슨이 선택한 핵폭탄 투하 장소는 히로시마였다. 그러나 군대는 이에 반대했다. 그는 나중에 "군대의 계획은 작전적 승리만을 고려했다. 민간 요소, 국제정치 문제는 고려하지 않았다"고 적었다.

　그는 일본의 교토가 종교적, 문화적 중심이라는 것을 알았다. 이곳에 핵폭탄을 떨어뜨리면 일본의 역사와 민중까지 건드리는 것이었다. 그렇게 되면 득보다 실이 크고, 전쟁 후에 감당할 여러 가지 과제가 더 많아질 것이었다.

　그래서 대신 히로시마를 선택한 것이다. 히로시마는 일본 육군, 해군 전력이 집결한 군사적 중심이면서 산업시설이 모여 있어 일본의 군사력을 뒷받침하는 경제력에 타격을 줄 수 있는 곳이었다. 종교적, 문화적으로 중요한 유적, 유물이 교토보다 적었다. 이런 설명을 들은 군대는 히로시마를 투하 장소로 하는 것에 동의했다.

그는 핵폭탄 사용 자체를 반대하는 이들도 설득했다. 핵폭탄을 개발하고 관련 자문을 한 맨해튼 프로젝트 참가 과학자, 엔지니어 요원이 그들이었다. "우리가 이 무기를 개발하기는 했지만 이것은 절대 사용되어서는 안 되는 무기다. 핵폭탄 투하에 반대한다"는 그들의 반대 의견은 6월 초에 시작해 설득과 대화 노력에도 불구하고 그달 중순까지 이어졌다.

이때 그가 나섰다. 그는 단언했다.

"현재 당신들이 주장하는 것은 (전쟁을 빨리 끝내려는) 우리의 노력에 가장 큰 피해를 미치는 방안입니다."

그는 논리적으로 그들을 설득했다.

"여러분은 유엔을 통해 핵폭탄 사용을 알림으로써 위협으로 일본을 굴복시킬 수 있으리라 생각하는데, 그렇게 했을 때 일본이 폭탄 투하 가능 지역에 민간인들을 집결시키면 어떻게 할 겁니까? 일본에 미리 핵폭탄 투하 사실을 알려 민간인들이 피난할 시간을 주자고 하는데 일본이 그곳에 연합군 포로를 데려다 놓으면 어떻게 할 겁니까?"

어렵고 복잡한 말이 아닌 단순하고 와닿는 말로 상대를 깨닫게 하고 설득하는 힘, 이것은 스팀슨의 큰 강점 중 하나였다.

그는 마지막으로 대통령을 설득해야 했다. 트루먼 대통령은 망설였다. 몇 번이고 그에게 이렇게 물었다고 한다.

"이 무기의 사용이 가져올 여파가 너무 크지 않나요? 무기의 잔인성이 여론에 미칠 영향이 걱정됩니다. 회피할 생각은 없습니다만 이것은 정치적으로 질 수 있는 책임의 범위를 넘어서는군요."

그는 이렇게 대답했다.

"예, 각하. 이 무기는 인류 역사상 가장 가공할 만한 무기가 맞습니다."

그러면서 덧붙였다.

"대통령 각하, 이 무기의 사용 그 자체에 얽매이지 마십시오. 그 단계를 뛰어넘으십시오. 핵무기를 사용한 이후 어떤 일련의 정치, 외교, 군사적인 행동을 해야 일본이 무조건적이고 즉각적인 항복을 할 것인지에 집중하십시오. 그리고 그런 일련의 행동을 위해 필요한 정치적, 전략적 지침을 하달할 준비를 하십시오. 미래를 보십시오. 냉철해지십시오."

그가 모든 생애를 걸쳐 행동으로 증명한 위너십의 핵심이 이 말에 모두 담겨 있다고 해도 과언이 아니다.

에필로그'

에필로그'

우리가 찾는 것은 곁에 있다

나는 전쟁사를 연구한다. 역사는 현재의 관점에서 지나간 것을 되돌아보는 것이다. 전쟁사 연구자는 최신 정보를 통해 먼 과거의 일을 들여다보려 노력한다. 따라서 다양한 경로를 통해 새로운 지식을 흡수하는 것이 중요하다. 그래서 정기적으로 벤처와 스타트업의 '창끝'에서 일하는 사람들을 만나 인터뷰하곤 한다. 그들은 정보과학기술의 전망, 조직관리에 대한 새로운 관점, 이상과 현실의 틈 사이에서 벌어지는 사건들에 관해 이야기한다.

그중 한 명은 공학도 출신으로, 누구나 쉽게 음악을 믹스하고 틀 수 있는 디제이박스를 개발 판매 중이다. 그는 클럽 문화를 이해하지 않으면 사업에 성공할 수 없다고 판단해 디제잉을 배웠다. 작은 클럽에서 디제이 활동도 했다. 유명 디제이들이 대거 합동공연을 펼치는 행사에 자원해서 기획, 안내로 일하면서 디제잉 세계의 저변도 경험했다. 다른 한 사람은 자가용을 공유하는 서비스 업체의 개발자로, 관련 애플리케이션 프로그램을 만든다. 그는 운전자 심리를 이해해야 매력 있는 프로그램을 만들 수 있다고 생각했다. 그래서 교통안전공단을 찾아 운전자 심리, 자주 발생하는 사고 유형 등을 공부했다. 협조공문을 보내 교통종합상황실에 한 달 정도 머물며 운전 환경과 분위기를 머릿속에 담기도 했다.

이 두 사람의 회사는 승리했다. 하루에도 몇 군데씩 문을 닫는다는 벤처와 스타트업 전쟁에서 생존했고 안정적 수익 상태로 진입했다. 승리의 원동력은 결국 이들의 노력이었다. 그들은 가진 시간과 능력을 차별적, 자율적으로 쏟아부었다. 그들은 월급이나 진급을 위해 일하지 않았다. 그들은 남들의 인정이나 누군가의 지시와 무관하게 자기 생각과 의지로 디제잉을 배웠고 교통안전공단을 찾았다. 업무시간을 쪼개고 휴일을 반납했지만 자신의 선택이었기에 더 힘을 냈다.

나는 직접 물어보았다. 힘들지 않았는지, 일과 이후와 휴일에도 일했는데 행복하냐고 말이다. 그들은 힘들었다고 했다. 개인 시간이 없어 견디기 어려울 때가 있었고, 육체적으로 괴로울 때도 많았다고 했다. 하지만 돌이켜보니 불행하다고 생각해본 적은 없다고 했다. 또 물었다. 돈이나 여가를 위해서도 아니고 행복이 보장되는 것도 아니었는데 그렇게 열심히 일한 이유가 무엇이냐고. 일은 힘들지만 새로운 것을 배우고 경험하는 것이 좋다고 했다. 하는 일이 워낙 즐겁기 때문에 새로운 제품을 개발하는 어려움도 견딜 수 있다고 했다. 남들이 하지 않는 방식, 새로운 방법으로 일을 해나가는 방식 자체가 자신의 인생 모토에 부합한다고 했다. 사무실에서 밤을 새울 때가 많고 도시락으로 식사를 때우는 일이 다반사이지만 그런 것은 충분히 감당할 만하다고 했다.

나는 그들과의 대화에서 곱씹는다. 그리고 행복을 생각한다. 그들은 현장 감각을 살리기 위해 책임 지역에 가서 흐름과 현실적 방안을 직접 확인하고 해당 분야의 블루오션을 전망한다. 관련 소비자들의 성향과 패턴을 공부하고, 틈나는 대로 관련 전문가를 찾아가 자문을 구한다.

그들이 꿈꾸는 삶은 일터 밖에 있는 것이 아니었다. 그들은 자신이 있는 모든 곳이 삶터임을 알고 일터와 쉼터를 구분하지 않았다. 그들의 행복은 야근의 시간들, 주말을 반납한 사무실 밖에 따로 있는 것이 아니었다. 그들은 치열하게 파고들어 일하는 몰입의 순간과 행복이 다르지 않다는 것을 깨달아 알고 있는 듯했다. 그리고 나는 그들로부터 이기는 리더의 기준과 원칙을 읽고, 위너십의 미래를 발견한다. 우리가 그토록 찾으려 하는 것은 우리 곁에 있고, 중요한 것은 곁에 있는 그것을 실천하는 것이다. 그렇게 리더가 되고 위너가 된다.